後味が悪《わる》すぎる49本の映画

宮岡太郎
text by Taro Miyaoka

彩図社

まえがき

初めて圧倒的に後味が悪い映画に触れたのは、おそらく中学1年生の時、日曜洋画劇場で「セブン」を観たのが最初だったと思う。あの想像を絶するバッドエンドに対する衝撃、そして何でこんな作品を観てしまったのかという後悔は一生忘れられない。

それでも「セブン」のことは記憶から消すことができず、歳を重ねるごとに名作なのではないかと思い直し、いつの間にか今では大切な傑作映画の一つになってしまった。そんな体験をした観客は筆者だけではないと思う。

人はどうして、後味が悪い映画に惹かれてしまうことがあるのだろう。
予定調和的なハッピーエンドに飽き飽きしたから？
自分はこの映画の主人公よりはマシだと現実逃避したいから？
単なる怖いもの見たさから？

様々な理由があるだろうが、それだけ後味が悪い映画というものには、触れた者にビターな爪痕を遺してゆくような強いインパクトがあるに違いない。ハッピーエンドに感涙することが感動である一方で、バッドエンドに戦慄することもまた感動なのではないだろうか。

本書では《後味が悪すぎる映画》をテーマに、筆者の独断と偏見で映画史上から49本をピックアップし、それぞれの作品を解説させていただいた。

一口に「後味が悪い」といっても、そのジャンルはホラーだったり、サスペンススリラーだったり、人間ドラマだったり、ジャンル分け不可能なカルト作品だったりと多種多様である。

そんな幅広さを感じていただきながらも、恐ろしくもついつい指の間から見てしまう、《後味が悪すぎる映画》の魔力あふれるディープな世界に、皆様をご案内したい。

2024年1月　著者

〈後味が悪すぎる49本の映画　目次〉

Chapter2 戦慄のサスペンス&ホラー映画

Chapter3
世間に一石を投じる映画

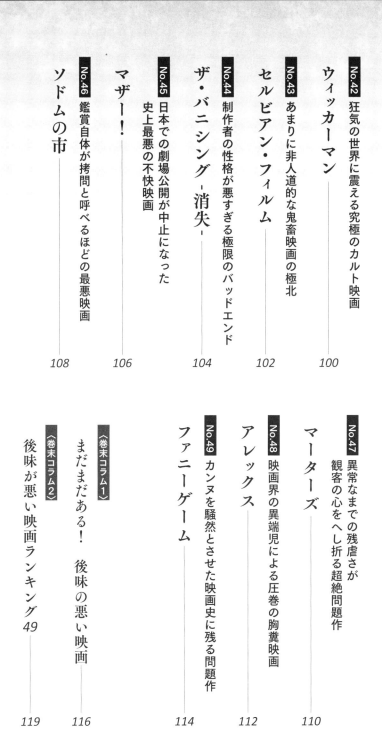

Chapter 1

悲劇の中の人間を描いた映画

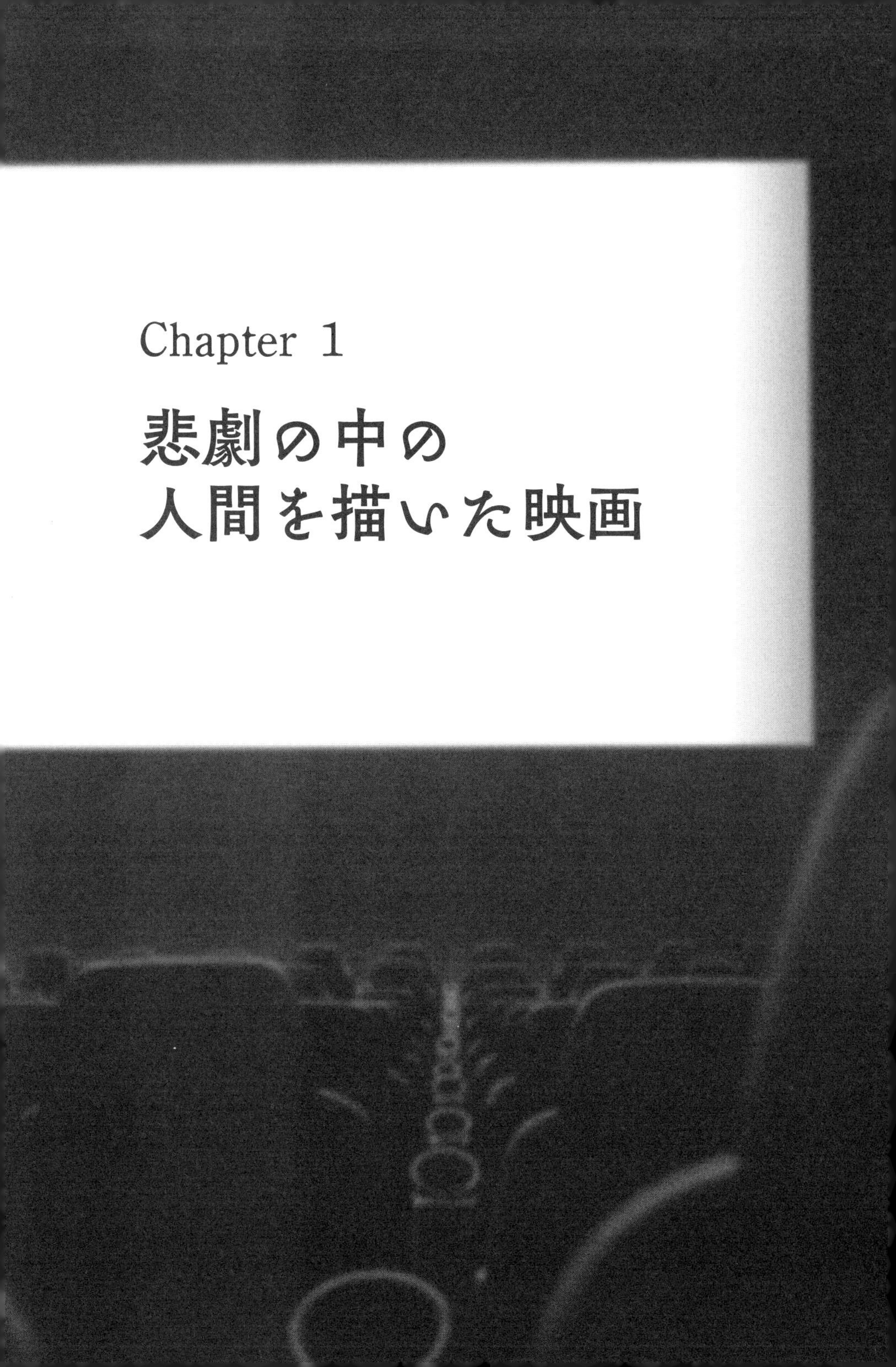

01

鬱指数MAXの超絶絶望映画

縞模様のパジャマの少年

胸糞度 ★★☆☆☆
絶望度 ★★★★★

ホロコースト映画の歴史的傑作

　ユダヤ人強制収容所の指揮官を父に持つ少年ブルーノはある日、有刺鉄線で囲まれた風変わりな農場を見つける。そこで縞模様のパジャマを着た少年シュムエルに出会った彼は、次第に心を通わせてゆくが、戦争という悲劇が容赦なく2人を引き裂いてゆく……。

　ホロコースト（ユダヤ人大虐殺）を描いた作品である本作。この人類史に残る悪魔の所業をテーマにした作品といえば既に「シンドラーのリスト」（1993年）「ライフ・イズ・ビューティフル」（1997年）といった歴史的な名作があるわけだが、本作はその中でも特に救いのない無情感を残してゆくという意味で、映画史に残る壮絶な絶望映画である。

あまりにも絶望的な結末

　本作がとてつもない戦慄を残してゆく理由の一つは、ジャケットだけでは異常なまでに後味の悪い映画だということが想像できない点であろう。ナチス側の少年とユダヤ人側の少年の悲しい友情物語なのだろうな……という構えで鑑賞を始めた観客も多かったことと思う。そんなことを考えていると後半、あれよあれよと想像の斜め上、どころか真上を行く壮絶な展開になるので卒倒しそうになる。この唯一無二の絶望感こそが本作の凄味であり、既に胸糞映画として超有名な「ダンサー・イン・ザ・

ダーク」や「ミスト」をも超越する部分なのではないだろうか。私はこの映画のラスト10分、あまりの恐ろしさにリアルに背筋が凍るような思いをして「は？　は？　は？」と画面に突っ込みながら鑑賞した。そして鑑賞後、完全に放心状態になると共に、少年たちの純粋な姿が頭から離れなくなってしまった……。

　主演の少年は、このの ち海外ドラマ「セックス・エデュケーション」の主人公で人気を博すエイサ・バターフィールド。そして少年を思いやる母親役にヴェラ・ファーミガ。「マイレージ・マイライフ」（2009年）「エスター」（2009年）といった傑作に連続で出演し、世界的な女優となりつつあった時期であり、本作での彼女の芝居も観客の胸に迫る凄まじいパワーがある。作品に確かな厚みをもたらしているその名演も必見である。

　監督は「ブラス！」（1996年）「リトル・ヴォイス」（1998年）を監督したイギリスの名匠マーク・ハーマン。ところが、本作を最後に現在に至るまで新たな監督作は発表されていない。本作が絶望的すぎたあまり映画界から干されてしまったという説もあるが、定かではない。

INFORMATION

『縞模様のパジャマの少年（原題：The Boy in the Striped Pyjamas）』
■2008年製作／イギリス／95分／PG12
■監督・脚本・製作総指揮：マーク・ハーマン
■出演：エイサ・バターフィールド、ジャック・スキャンロンほか
■日本初公開：2009年

【胸糞映画コラム】
「サウルの息子」

死体処理係のユダヤ人を主人公にホロコーストを描いた「サウルの息子」（2015年）も、本作に劣らないとんでもない鬱映画である。まずカメラが常に主人公を手持ちで追いかけ続けるという手法を取っているのだが、ぐるぐる回るその映像と、毒ガスで虐殺された沢山の人間たちの姿が相俟って、全編にわたり凄まじい吐き気を催すことになる。ストーリーも導入から最後まで救いが一切ないという容赦なさである。このような歴史的惨事が事実としてあったことが信じられないほどの絶望感であり、二度と繰り返されないことをただ祈るのみである。

02

どこまでも辛く哀しく、言葉を失う超絶鬱映画

ダンサー・イン・ザ・ダーク

胸糞度 ★★★★★
絶望度 ★★★★★

絶望と愛と絶望の物語

チェコ移民のセルマは、歌うことが大好き。息子ジーンとアメリカの片田舎でつつましくも幸せに暮らしていた。だが彼女はある時を境に、遺伝性の病でどんどん視力を失いはじめる。何も見えなくなってゆく中、彼女は息子にだけは失明回避の手術を受けさせるため、勤め先の工場で必死に働き続けるが、あまりにも過酷な運命が彼女を待ち受けていた……。

「ダンサー・イン・ザ・ダーク」。この響きを耳にするだけで心がゾワゾワする、もはや映画ファンには説明不要、カンヌ国際映画祭で最高賞のパルム・ドールを受賞した人間ドラマの歴史的名作である。その悲劇性は凄まじく、公開当時は「究極の愛を描いた傑作」と絶賛する観客と「もう二度と見るか！」と酷評する観客とで評価がまっぷたつに分かれており物凄く話題になっていた。

貧しくもコツコツとお金を貯め、息子と幸せに生きようとしていた女性が、視力を失い始め、仕事をクビになり、信頼していた仲間にも裏切られどん底へと陥られる。やがて犯罪者の汚名を着せられた彼女は、それでも息子のために事実を封印して耐え忍び続ける。地獄のような展開の末に救いはあるのか……という話なのだが、その果てに待ち受けるあの壮絶なラストシーンは、見た者の心に永遠に残り続けるに違いない。自分が同じ立場だったらどんな選

択をするのか？　人間の善行とは何を指すのか？　究極の人間ドラマを描き出したこの映画から考えさせられることは計り知れない。ちなみに本作は、マツコ・デラックスが「マツコの知らない世界」で自身のベスト1に選出した映画でもある。「映画館で見たあと、席を立てなくなった」などと番組内で言及していたが、同様の気持ちになった観客も多かったことだろう。

INFORMATION

『ダンサー・イン・ザ・ダーク（原題：Dancer in the Dark）』
■2000年製作／デンマーク／140分
■監督・脚本：ラース・フォン・トリアー
■出演：ビョーク、カトリーヌ・ドヌーヴ、デヴィッド・モース、ピーター・ストーメアほか
■日本初公開：2000年

あまりにも綺麗に、哀しく響き渡るビョークの歌声

本作がエポックメイキングなのは、演技がほぼ未経験だったアイスランドの世界的歌手・ビョークを主役に抜擢し、ミュージカル映画として構築したことである。彼女が見せる生身のリアリティに溢れた芝居は通常の映画には無いもので、さらに作品内での歌唱シーンが本作をより一層特徴的なものにしている。本作の主人公セルマは、歌を愛し、失明してゆくに連れてどんどん歌の世界に逃避するようになる。歌っている時だけは自由になれるのだ。彼女が歌い出すと映像はカラーになり、周りの人間が踊り出し、その中でどこまでも伸びやかにセルマが歌唱し続ける……この刹那のミュージカルシーンが持つ威力は計り知れず、その後の救いのない展開もあって容赦無く観客の心を引き裂いてゆく。

そしてミュージカルシーンのみならず、全編にわたりハンディカムの手持ちを主体とした、ジャンプカットを多用したカメラワークも本作の特徴である。観客はこの画質の悪さに驚くだろうが、終わってみると本作の生々しさはこの映像手法以外に表現できなかったのではと思わされる。

観た後落ち込む映画の代表格でありながら、人間の強さや母親の愛情を描いた作品でもある本作。あなたの心には何が残るか、ぜひ鑑賞して確かめてもらいたい。

03

ミリオンダラー・ベイビー

どこまでも気分を落ち込ませるアカデミー作品賞受賞作

胸糞度 ★★★☆☆
絶望度 ★★★★☆

ある女性ボクサーの光と影

おちぶれたボクシングジムの老トレーナー：フランキー（クリント・イーストウッド）と、ボクサーを目指す愛を知らずに育った女性：マギー（ヒラリー・スワンク）。フランキーはマギーに類稀なるボクシングのセンスを感じ、指導を開始する。やがてプロデビューを果たしたマギーは、順調に勝ち続けて評判を集め、2人には固い絆が芽生えてゆく。しかしその先の彼らに待ち受けていたのは、あまりにも過酷な運命だった……。

イーストウッドが73歳で監督した本作は、この年のアカデミー賞の作品賞、監督賞、主演女優賞、助演男優賞（モーガン・フリーマン）に輝くなど、極めて高い評価を受けた。それは、本作が「ロッキー」的なアメリカンドリームを表現しているのに留まらず、その先にある登場人物の壮絶な運命を描き、人が人を愛することの極限を描いた究極の人間ドラマでもあるからだろう。筆者は高校生の時に劇場で鑑賞したが、単なるサクセスストーリーを想像していたために、この後半の展開には絶句するしかなかった。《神は乗り越えられる試練しか与えない》という新約聖書の言葉があるが、本当にそうなのか。実の親子より固い絆で結ばれた2人が選んだ選択は本当に正しかったのか。あまりにも重く、暗く、圧倒的で、考えさせられる結末がここにある。

70代のイーストウッドに到来した監督黄金期

今でこそ映画史上に名を残す大巨匠となっているイーストウッドだが、2000年の初頭の段階ではまだ監督より俳優としての話題の方が多かった。流れを変えたのは「ミスティック・リバー」(2003年)と本作の2本だろう。最高の俳優陣を配置し、ニュートラルな演出で、作品の描くべきテーマを淡々と描いたこれらの作品は圧倒的な評価を獲得した。その後も「硫黄島からの手紙」(2006年)、「チェンジリング」(2008年)、「グラン・トリノ」(2008年)と傑作を連発し続けたのは衆目の一致するところだろう。

それにしても、70歳を超えてからこれだけの名作を作り上げ、更なるブレイクを果たした監督など他に思いつかない。彼の凄さの秘訣は、元々体力気力があることに加え、やはり他のスタッフの力を上手く借りていることにあるように思える。良い意味で肩の力を抜いて、自我を通しすぎず、周囲の人の意向を尊重してうまく撮影現場を作り上げてゆく。そんな得な生き方は誰にとっても参考になるのではないだろうか。

INFORMATION

『ミリオンダラー・ベイビー(原題:Million Dollar Baby)』
■2004年製作/アメリカ/133分/PG-12
■監督:クリント・イーストウッド
■出演:クリント・イーストウッド、ヒラリー・スワンク、モーガン・フリーマンほか
■日本初公開:2005年

【胸糞映画コラム】

「それでも夜は明ける」

「ミリオンダラー・ベイビー」は歴代のアカデミー作品賞受賞作品の中でも屈指の後味の悪さを残してゆく作品だが、2014年のアカデミー作品賞に輝いたこの作品も相当に凄まじい。1841年のアメリカを舞台に、妻と子供2人と幸せに生きていた黒人が、突然白人に拉致されて終わりの見えない奴隷生活を強いられる話。残忍な白人の下での奴隷生活という地獄のリアルを突き詰めた演出には相当に気分を害されるし、タイトルの割に一向に夜が明けないストーリーも胸糞を極める。とはいえ、演出&芝居のレベルの高さは尋常ではなく、一度は観ておくべき意義深い作品である。

04

魂を震わせる究極の反戦映画

ジョニーは戦場へ行った

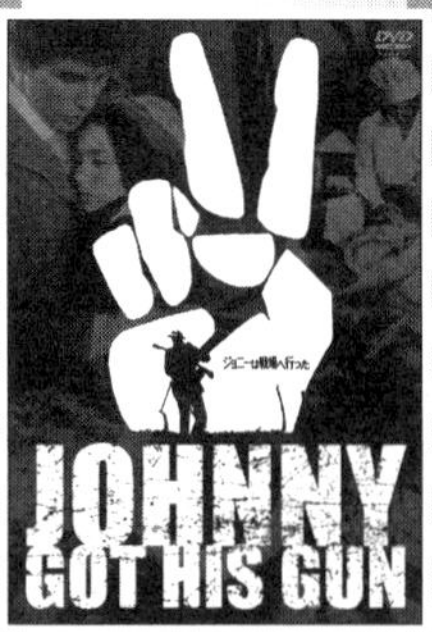

胸糞度★★★☆☆
絶望度★★★★★

あまりにも辛すぎる物語設定

第一次世界大戦に出征した若い兵隊ジョー（ティモシー・ボトムズ）は、至近距離で爆発に遭って両手と両足、目（視覚）、鼻（嗅覚）、口（言葉）、耳（聴覚）を失う。それでも《生きている》実感だけがある彼は、運び込まれた病院で何を思うのか……。

この究極なまでに絶望的な主人公設定から始まる本作は、この青年のモノローグを軸に、現在と過去の記憶が交錯してゆく究極の反戦映画である。あらゆる人間としての器官を失っても、人間は人間であることを思い知らされる悲痛な叫び。明確な意志を持っているのに、外に発信することのできない地獄がリアルに迫ってきて、その哀しさに打ちのめされる。

眼を見張るのが、現在パートを白黒で、過去パートをカラーで描き出すという演出テクニック。冷たい病室だけがあるだけの現在と、楽しかった過去との対比が心を引き裂く。戦争がなければ、彼の人生はいかに彩りに満ちたものになっただろうか……その悲しさに胸を締め付けられる。そして病室で紡がれるジョーと看護師とのドラマも凄まじい。私は初見時、ジョーの抱える壮絶な辛さに感情移入が止まらず、看護師がジョーの身体に「M・E・R・R・Y・C・H・R・I・S・T・M・A・S」と書くシーンで号泣してしまった。そしてその果てに待ち受ける救いのかけらもないラストシーンに言葉を失った。壮絶な心情描写と後味の悪すぎるラスト。戦争の愚かさを後世に伝え続ける、心を引き裂かれるような傑作である。

ハリウッドを代表する名脚本家の唯一の監督作

監督のダルトン・トランボは超名作「ローマの休日」を執筆したハリウッド屈指の名脚本家でありながら、1947年にアメリカで起きた共産思想の弾圧運動《赤狩り》によって逮捕されてしまった人物。不当な弾圧に遭いながらも生涯にわたって自分の信念を突き通したその骨のある生き様は、唯一の監督作となった本作の世界観にもしっかりと生きている。

ちなみに本作はトランボ自らが資金も調達して製作にこぎつけ、カンヌ国際映画祭では審査員特別グランプリを受賞するなど結果を残した。なお、トランボの生き様を描いた実話ベースの映画「トランボ ハリウッドに最も嫌われた男」(2015年/主演:ブライアン・クランストン)も非常に見応えのある作品なので、ぜひ注目してほしい。

INFORMATION

『ジョニーは戦場へ行った
(原題:Johnny Got His Gun)』
■1971年製作/アメリカ/112分
■監督・脚本:ダルトン・トランボ
■出演: ティモシー・ボトムズ、キャシー・フィールズ、ドナルド・サザーランドほか
■日本初公開:1973年

【胸糞映画コラム】

救いのない戦争映画たち

本作の49本の中でも何本か取り上げているが、戦争映画というジャンルはその性質上、非常に後味の悪い作品が多い。特に紹介したいのは1957年のアカデミー作品賞受賞作「戦場にかける橋」である。これは戦争ヒューマンドラマ的な雰囲気とみせかけて、想像を絶するバッドエンドに仰天する絶望映画なので、このテの映画好きは必見である。他にも「ディア・ハンター」「ブラックホーク・ダウン」「戦場のピアニスト」なんかは延々と最悪な気分になるし、「プラトーン」「西部戦線異常なし」もラストがえげつない。戦争映画における後味の悪い映画は枚挙にいとまがない。

05

恋愛映画史に残る超絶憂鬱ラブストーリー

ブルーバレンタイン

胸糞度 ★★★☆☆
絶望度 ★★★★☆

愛の終わりを描き出した慟哭の物語

夫ディーン（ライアン・ゴズリング）と妻シンディー（ミシェル・ウィリアムズ）は、まだ幼い娘フランキーと3人で暮らしていた。だが夫婦には隙間風が流れ、その溝は修復不可能なほどに広がっていた。離婚を間近にした2人は、出会ったばかりの幸せな日々を思い出してゆく……。

いまやハリウッドを代表する世界的俳優となった2人が共演した本作は、恋愛の《始まり》と《終わり》を抉るように描き出した辛すぎる傑作である。こんな地獄のようなラブストーリーは観たことがない。とにもかくにも、2人の男女が付き合い始め、様々な困難を乗り越えて結婚に至るまでの時系列と、結婚して倦怠期を迎え破局するまでの時系列を交互に見せるという発想が残酷すぎるのだ。愛し合い輝いていた日々と、どうにもならず離婚するしかない暗い現在との絶望的すぎるシーンバック。これまでに地球上で何億というカップルが迎えてきたであろう悲劇を、これほど効果的な手法で描いた作品は記憶にない。

2人が出会った時のシンディーは将来有望な医大生、一方のディーンは引っ越し屋のアルバイトで生計を立てている。一見不釣り合いな2人だが、シンディーはディーンのどこか飄々とした明るさと自由な生き方に惹かれてゆく。やがて恋人同士になった2人は、燃えるように愛し合い、結婚して永遠の愛を誓う。しかし、結婚した後に待ち受けるのはただただ延々と続く現実だった。お互いの見たくなかった部分が見え、やがて価値観の違いが浮き彫りになり衝突してゆく……。
　この普遍的な男女のすれ違いを、過去と未来のビジュアルの変化も含めて完璧に演じきったライアン・ゴズリングとミシェル・ウィリアムズの芝居は特筆すべきものがある。別れたくない、まだ相手を愛したいという思いがありながら、どうしてもいがみ合ってしまうという葛藤と哀しさが痛いほど伝わってくる迫真の演技。口喧嘩をするシーンは台本に頼らず、即興の芝居も含め構築されているようなのだが、2人の見事なやり取りによって残酷なリアリティが生み出されているように思う。汚れきってしまった大人たちと、父親母親がどちらも好きでピュアに走り寄ってくる幼い娘との対比も効いている。やはり、子供が悲しい目に遭う映画は例外なく辛い。

涙も枯れ果てるエンドロール

　ひたすら鬱々とした気分にさせられる本作だが、その果てに待ち受けるエンドロールにはもはや言葉を失うしかない。筆者はこの映画を休日の夕方に自宅のDVDで鑑賞したのだが、あの結末で完全に魂をノックアウトされ躁うつ状態に陥ってしまい、そのまま外に出る気力も喪失して部屋で寝落ちすることしかできなかった。と同時に、あんな映像表現を思いつく監督の天才ぶりに震えた。この本で紹介されている49本の中では珍しく人が死なない映画だが、その後味の悪さは圧巻である。
　未来永劫起こり続けるであろう、男女の普遍的な悲劇を目を背けずに描ききったどこまでも辛く美しい一本。意義深いラブストーリーの傑作だが、付き合いたてのカップルで観るのだけは避けてほしい。

INFORMATION

『ブルーバレンタイン
（原題：Blue Valentine）』
■2010年製作／アメリカ／112分／R15+
■監督：デレク・シアンフランス
■出演：ライアン・ゴズリング、ミシェル・ウィリアムズ、ジョン・ドーマンほか
■日本初公開：2011年

06

チョコレートドーナツ

LGBTQへの差別と偏見を描いた悲劇の人間ドラマ

胸糞度 ★★☆☆☆
絶望度 ★★★☆☆

実話をベースにした傑作

1979年、カリフォルニア。ショーダンサーのルディと、ゲイであることを隠して生きる弁護士のポールは、ひょんなことから育児放棄されたダウン症の少年・マルコを保護し、3人で過ごすようになる。血はつながらなくても、家族以上の深い愛情と絆で結ばれてゆく3人。しかしルディとポールが同性愛者のカップルであることが周囲に知られてしまったことから、彼らは世間の偏見によって引き裂かれてゆく……。

同性愛に対する差別が強く根付いていた1970年代のアメリカでの実話をもとにした本作は、血縁や性別を超えた人間の愛情を描き出したヒューマンドラマの傑作であると同時に、世の中の偏見が幸せを捻じ曲げてしまう絶望映画である。愛する者を大切にしたい、一緒にいたいという願いはこんなにも叶え難いことなのか。主人公2人がマルコを取り戻そうと奮闘する裁判シーンは、裁判官たちの理解の無さにより親権が蔑ろになってゆく様を見せつけられ、ただただ辛い。マルコにとっての幸せを微細も考えず、ただ2人がゲイカップルであるという特異性だけをあげつらい、引き剥がしてしまう司法の容赦の無さ。間違った正義感に突き動かされ、本質を見ずに騒ぎ立てる権力者たちが事実を捻じ曲げてしまう様は、現代社会にも共通している病理を見ているようで非常に不快である。それでも、差別や偏見に囚われず主人公の味方になってくれる登場人物も存在することは救いだった。

本作はアメリカで極めて高い評価を受けながらも、日本では「ゲイのカップルがダウン症の子供を育てる」というストーリーが敬遠され、当初全国1館でしか上映がされなかった。しかし映画コメンテーターのＬｉＣｏが王様のブランチにて本作を紹介したことがきっかけとなり、その後爆発的な口コミによって上映館は140館以上にまで広がったという。人間の愛情は、マジョリティマイノリティ云々に関わらず人の心を強く揺さぶる。そんな作品のテーマを体現したかのようなムーブメントだったのではないだろうか。

INFORMATION

『チョコレートドーナツ（原題：Any Day Now）』
■2012年製作／アメリカ／97分
■監督：トラビス・ファイン
■出演：アラン・カミング、ギャレット・ディラハント、アイザック・レイバ、フランシス・フィッシャーほか
■日本初公開：2014年

その結末に言葉を失う

本作がここまで観客の心に爪痕を残す作品となったのは、やはりそのビターすぎる結末にあるだろう。あまりの辛さに、映画館は啜《すす》り泣きに包まれていた記憶がある。主人公・ルディがラストシーンで歌い叫ぶ「I Shall Be Released」はまさに名演。彼が抱える世の中への怒りと哀しみが伝わってきて、観客の魂を強く揺さぶってくる。悲しみと感動が表裏一体となった、心して鑑賞いただきたい名作である。

【胸糞映画コラム】

「ボーイズ・ドント・クライ」

こちらはアメリカのネブラスカ州で実際に起きた事件をベースにした、性同一性障害（体は女性でも、心は男性）をかかえる女性に待ち受ける悲劇を描いた人間ドラマ。主演のヒラリー・スワンクはこの演技でアカデミー主演女優賞を受賞したが、「チョコレートドーナッツ」よりさらに露悪的で、どこまでも重く救いのない作品である。《化け物》として人間扱いすらされない主人公。地獄としか言いようのない終盤の展開。二度と思い出すことすら憚られる超絶鬱映画である。

07

欲望という名の電車

没落した中年女性に訪れる壮絶な悲劇を描いた暗黒映画

胸糞度 ★★★☆☆
絶望度 ★★★☆☆

20世紀最高と言われる戯曲の映画化

上流階級の身でありながら屋敷を失った未亡人・ブランチ（ビビアン・リー）は、下町に住む妹・ステラの元へ身を寄せようとする。だがステラの夫・スタンリー（マーロン・ブランド）はどこか気取ったブランチの態度が気に入らない。様々な争いや衝突を経て、過去のトラウマをも掘り起こされたブランチの精神は崩壊してゆく……。

劇作家テネシー・ウィリアムズによる《20世紀最高の戯曲》とも呼ばれるホンを映画化した本作は、格差社会の頂点にいた中年女が転落してゆき、その成れの果てを容赦なく見せつけるとんでもない映画である。私はこの作品を初めて観た時、なぜこの戯曲がそれ程までに高い評価を受けているのか理解できなかった。落ちぶれた女を、粗暴な男がただいじめ続けるだけの酷い話に見えてしまったからだ。だがその一方で、役者陣の想像を絶する熱演と後半部分の壮絶さから目を離すことができなかったのも確かである。このネガティブなエネルギーに満ちた芝居の応酬が、本作が決定的な名作たる所以の一つなのもまた確かであろう。

映画史に刻まれる極限の演技

読者の皆様は、「映画史上の最高の演技は？」と尋ねられたらどの作品の誰を挙げるだろうか。筆者にも挙げたい作品は山ほどあるのだが、筆頭に位置するのは「ゼア・ウィル・ビー・ブラッド」でのダニエル・デイ・ルイスの演技と、本作でのビビアン・リーの演技である。この2人の芝居にはもう心の底から魅了されてしまい、一生忘れられないレベルでその表情・台詞回しが心に焼き付いている。

本作の主人公ブランチは貴族から落ちぶれたにもかかわらず、未だにその事実を受け入れられずに振る舞う。中年に差し掛かっているにもかかわらず、老いに必死に抗い、いつまでも少女のように可憐に振る舞おうとする。そして自らの孤独や醜悪さを覆い隠すかのようにベラベラと喋り倒す。この痛々しさは想像を絶するもので、その悲惨な末路も含めて救いがない。にもかかわらず、その圧倒的すぎる存在感と演技力に一挙一動まで全く目を離すことができない。

ビビアン・リーは映画史に残る超大作「風と共に去りぬ」（1939年）の主演でハリウッドのトップスターとなったが、1940年代に入ってからは結核と鬱病に苦しみほとんど映画に出演しなくなっていた。だがそんなリーが久々に主演した本作は、アカデミー賞で演技部門4つのうち3部門を独占するという前代未聞の快挙を成し遂げ、彼女自身もその神懸かり的な演技が評価されて、2度目のアカデミー主演女優賞を受賞することとなった。しかしこの役は彼女自身の心にも計り知れない傷痕を残し（後に「ブランチを演じることは気が狂いそうだった」と語っている）、精神状態の混乱によってその後思うように俳優活動ができなくなってしまったという。そして1967年、孤独を抱えながら53歳の若さでこの世を去ったのであった。

稀代の天才女優が、自らの精神状態を決定的に悪化させてまで挑んだ狂気の熱演。70年以上経った今でも観客を魅了し続ける、極めて後味の悪いレジェンド級の超傑作である。

INFORMATION

『欲望という名の電車（原題：A Streetcar Named Desire）』
■1951年製作／アメリカ／125分
■監督：エリア・カザン
■出演：ビビアン・リー、マーロン・ブランド、キム・ハンター、カール・マルデンほか
■日本初公開：1952年

08

火垂るの墓

日本人のDNAに刻まれし究極の反戦映画

胸糞度 ★★★★☆
絶望度 ★★★★☆

太平洋戦争末期の国内の惨状

太平洋戦争中、両親と幸せに暮らしていた清太（14歳）と節子（4歳）。だが父親は出征したまま音信不通となり、母親は空襲の焼夷弾によって死んでしまう。2人は叔母の家に引き取られるが、肩身の狭い思いに耐え切れなくなった清太は節子を連れて家を出ると、2人で近所の防空壕の中で暮らし始める。だがそれは、食糧不足による栄養失調という地獄の始まりだった……。

スタジオジブリ制作で1988年に発表された本作は、それまでに多かった太平洋戦争における軍隊や兵士の悲惨さを描いたものではなく、国内に住む庶民達に起こる悲劇を描いたという点で意義深い一本である。かつて本作は、終戦記念日前後に日本テレビの金曜ロードショー枠で放送されるのが恒例で、母親が血だらけで全身を包帯に覆われている衝撃のグロ画像、そして悲惨さを極めた終盤の展開が全国の茶の間の空気をどん底まで突き落としたものだった。2009年にイギリス・エンパイア誌が選出した『落ち込む映画トップ10』では、日本映画から唯一選出され6位にランクインするなど、その後味の悪さは世界的にも有名である。

直視に耐えないラスト30分

冒頭の「僕は死んだ」というナレーションから、その秀逸な構成とアニメ表現の数々に圧倒される一本。だが、本作を本作たらしめているのは、やはり食糧が尽きて2人が衰弱してゆくラスト30分であろう。節子がドロップと錯覚しておはじきを口にしようとするくだり。餓死寸前の節子を見守ることしかできない清太との絶望的すぎるカットバック。そしてフラッシュバックする元気だった頃の節子との思い出の数々……子供がいる親にとってはもはや直視不可能。その残酷さにはただただ言葉を失うしかない。

なんというかこの映画、全編にわたって製作サイドの「生半可な映画にするものか」「絶対に誰も生き残らせるものか」という執念が凄いのである。事実、この映画を鑑賞した直後ほど平和な現代の尊さを噛みしめる機会はないから、製作者の狙いは成功しているし、未来永劫日本に必要な作品であることは間違いない。2匹の蛍がヒラヒラと飛び、時代を超えて現代の高層ビル群を見下ろす鳥肌モノのラストシーン。あれこそが本作のメッセージの核心であり、その圧倒的な余韻が心に刻まれる。太平洋戦争をリアルタイムで体験した世代だからこそ描き切れた、究極の反戦映画がここにある。

INFORMATION

『火垂るの墓』
■1988年製作／日本／88分
■監督・脚本：高畑勲
■出演：辰巳努、白石綾乃、志乃原良子、山口朱美ほか
■公開日：1988年4月16日

【胸糞映画コラム】

「うしろの正面だあれ」

1991年に公開されたこちらの映画も、太平洋戦争の悲劇を描いたアニメの傑作である。東京に住む大家族が、東京大空襲の惨禍を経験する物語。だが「火垂るの墓」と違うのは、本作では何人かが生存するという点。生き残ってしまった者たちが葛藤しながらも、やがて再生へと向かうさまはとても感動的である。個人的には長らくこの2本が反戦アニメの2大傑作だったのだが、2016年に公開された「この世界の片隅に」がその仲間入りをした。水彩絵具で塗られた優しい作画とその表現、声優陣の素晴らしい演技、秀逸なシナリオが融合した傑作であり、こちらも必見である。

09

風が吹くとき

可愛らしいアニメの作画が絶望をひたすら抉り出す一本

胸糞度 ★★★★☆
絶望度 ★★★★☆

作画と事象の恐るべきギャップ

老夫婦のジムとヒルダは、イギリスの片田舎で平穏な年金生活を送っていた。ある日東西陣営による戦争が勃発したことを知ったジムは、保存食やシェルターの準備を始める。そしてついに近くの街に核ミサイルが飛来。2人はなんとか爆発の被害を避け、無事生き延びたかに思えた。だがそれは、放射能によって徐々に身体が蝕まれてゆく地獄の始まりに過ぎなかった……。

イギリスの作家：レイモンド・ブリッグズが1982年に発表した漫画を原作とした本作は、核戦争と放射能の恐ろしさをひたすらに描いた作品である。温かみのある優しい画風のキャラクターが、放射能に汚染されてどんどん衰弱してゆく様は、そのギャップによって残酷さを強く抉り出してくる。仲睦まじい夫婦が互いに励まし合う甲斐もなく、徐々に口数が減り死に絶えてゆく様はあまりにも痛々しく、鑑賞後にはただただ深い絶望が押し寄せてくる。

ちなみに日本での劇場公開では、森繁久彌と加藤治子が日本語吹き替えを担当し、昭和の国民的名優同士の共演も話題となった。まるで長年連れ添った本物の夫婦の会話を聞いているかのような、息ピッタリな共演が見事である。

人間の手に負えない核兵器の恐怖

本作の主人公：ジムは、いざ核

戦争が起こっても生き残れるようせっせと情報収集をする真面目なキャラクター。図書館に通い新聞で世界情勢を把握し（このシーンで流れているデヴィッド・ボウイの「When The Wind Blows」が気味悪い）、政府が発行したパンフレットに従って、必死にシェルターを手作りし、食料を確保して有事に備えているのだが、結果的にこれが全く役に立っていないものだから残酷である。

結局のところ、核爆弾という途轍もない脅威の前に一般市民の対策など無力なのである。夫婦はボロボロになったシェルターの中で必死に助けを待つが、放射能という見えない悪魔は容赦無く2人を襲い、死へと導いてゆく。ちなみに彼らが参考にしている危機回避のパンフレットは、イギリス政府が実際に刊行した手引き書の内容を踏まえているというから恐ろしいものである。また、ジムは意外にも核と放射能そのものに関しては無知であり、核に汚染された雨水を沸かして飲んでしまうくだりはこちらも頭を抱えてしまう。

核爆発による直接的な被害を一切描かず、真綿で首を絞めるように放射能の恐怖を描ききった唯一無二の絶望アニメーション。学校の教材にしても良いと思えるような必見作である。

INFORMATION

『風が吹くとき（原題：When the Wind Blows）』
■1986年製作／イギリス／85分
■監督：ジミー・T・ムラカミ
■原作・脚本：レイモンド・ブリッグズ
■日本版声の出演：森繁久彌、加藤治子ほか
■日本初公開：1987年

【胸糞映画コラム】
「チャイナ・シンドローム」

こちらは原子力発電所における核燃料のメルトダウンの恐怖を描いた作品。まずスリーマイル島やチェルノブイリの事故が起きる前に、その危険性を的確に指摘しているのが凄い。そして、大袈裟ではなく世界が滅亡しかけるストーリー展開に本気で戦慄する。原発が孕む危険性に気づき、葛藤する所長役：ジャック・レモンの超絶演技は全人類必見レベル。これほどまでに凄い社会派サスペンス映画は他に記憶がない。壮絶な結末の余韻がいつまでも心に残り続ける、映画ファン必見の超傑作である。

10

言葉を失うイーストウッド監督の傑作鬱映画

ミスティック・リバー

胸糞度 ★★★★☆
絶望度 ★★★★☆

川底に広がる闇のように暗いストーリー

幼なじみのジミー（ショーン・ペン）、デイブ（ティム・ロビンス）、ショーン（ケビン・ベーコン）の3人の少年は、デイブが見知らぬ男たちに誘拐・監禁され暴行を受けた事件をきっかけに疎遠になってしまう。それから25年が経ったある日、今度はジミーの愛娘が事件に巻き込まれ遺体となって発見される。刑事となったショーンは捜査に乗り出すが、やがて捜査線上にデイブの存在が浮上する……。

普通のヒューマンサスペンスと見せかけて、とんでもなく重たく、苦しく、不条理で救いのない一本である。この闇深さは様々な要素が絡み合って醸し出されているわけだが、やはり発端として少年への性的暴行事件があるのがいたたまれない。理不尽な犯罪によって暗い過去を抱えた男たちが、悲惨な殺人事件によって再び結びつけられ、さらに取り返しのつかない悪夢へと進んでゆくストーリーは観る者の心に深い傷痕を残す。

目を奪われる実力派俳優陣の共演

本作はアカデミー賞でも高く評価され、作品賞こそ逃したものの、主演男優賞（ショーン・ペン）、助演男優賞（ティム・ロビンス）の2部門を受賞した。この2人の芝居はもう名演の極致に達しているとしか言いようがなく、その苦悩する姿が観客の脳裏に刻まれる。特に性暴力によるトラウマを抱えたティム・ロビンスの芝居は鳥肌モノ。筆者は本作を高校生の時に鑑賞したが、その心震わせる演技に俳優という職業の凄さを本当の意味で認識したような記憶がある。また当時「インビジブル」等で悪役のイメージがつきすぎていたケビン・ベーコンも、過去の友情と事件の間で葛藤する普通の刑事役を見事に演じていて素晴らしい。デイブの妻役マーシャ・ゲイ・ハーデン(「ミスト」の宗教おばさん役の人)も、さすがの迫真の演技でアカデミー助演女優賞にノミネートを果たしている。

それにしても、こんな最重量級の映画をあくまでもニュートラルに見せてゆくイーストウッド監督の演出の見事さといったらない。極端な演出や意表をつくカットは全て封印して、ただただストーリーを淡々と見せてゆく。監督たる作家性を封印して、俳優陣の雄弁な演技を自然に見せきる手腕には脱帽であり、それがこの時期にイーストウッド監督が名作を連発できた秘訣でもあると思う。

言葉を失う最悪な結末が、深く、深く川の底へ潜ってゆくような余韻を残す傑作。この迫真の演技と物語をぜひ堪能してほしい。

INFORMATION

『ミスティック・リバー(原題:Mystic River)』
■2003年製作／アメリカ／138分
■監督:クリント・イーストウッド
■出演:ショーン・ペン、ティム・ロビンス、ケビン・ベーコンほか
■日本初公開:2004年

【胸糞映画コラム】

「チェンジリング」

イーストウッドが2008年に監督したこちらも壮絶な傑作である。あるシングルマザーの息子が、突然行方不明になってしまう。5ヶ月後に警察から見つかったと連絡が入るが、帰ってきたのは見知らぬ少年で、それは警察署がメンツを守るために仕立てた別人だったという話。……あらすじを書くだけでたまらなく胸糞悪い話だが、警察を敵に回しても行方不明の息子を取り返そうとする母親を演じたアンジェリーナ・ジョリーの演技がとにかく素晴らしい。それにしても「ミリオンダラー・ベイビー」といい、この時期のイーストウッド監督の重たい名作の連発具合は伝説的ですらある。

11

灼熱の魂

内戦中の中東を舞台にした驚愕の人間ドラマ

胸糞度 ★★★★☆
絶望度 ★★★★☆

あまりにも強度の高い力作

カナダに住む初老の女性ナワルは、ある日プールサイドで突然放心状態に陥り、息絶えてしまう。ショックを受ける長女のジャンヌとその弟シモン。だが母親ナワルは、ジャンヌとシモンが存在も知らなかった兄と父に宛てられた手紙を遺していた。まだ見ぬ家族たちを探し手紙を渡すため、2人は母親の母国：中東レバノンを訪れる。だがそこで彼らが知ることになったのは、母親が秘めた壮絶すぎる過去だった……。

レバノン出身のカナダ人劇作家：ワジディ・ムアワッドの戯曲を映画化した本作は、中東とカナダ、過去と現代をシームレスに繋ぎながら一人の女性の壮絶な人生を描いてゆくド力作である。情勢が不安定極まりない、内戦中の国家で生きるとはどういうことなのか。その現実が容赦無く描かれる中盤以降の展開は相当に観客の気分を滅入らせ、周囲の人間が虐殺されてゆくような環境下でも何とか生き抜こうとするナワルの姿が痛ましい。弾丸が飛び交い太陽が照りつける夏のレバノンと、ゴミが道路に散乱した寒々しい冬のカナダ。対照的ながらどちらも居心地の悪いそのロケーションは、ナワルがどこへ行っても心に平安を持てなかったというある種の表現なのだろうが、こうした映画を観ていると平和な日本に住んでいることの尊さを感じずにはいられない。

監督のドゥニ・ヴィルヌーヴは

本作がアカデミー外国語映画賞にノミネートされ（僅差で受賞はならず）、一気に世界的な監督となりハリウッドで大作を手がけるようになった。最近は「メッセージ」（2016年）、「ブレードランナー2049」（2017年）、「DUNE/デューン 砂の惑星」（2021年）といった作品が続き、すっかりSF超大作の監督というイメージがついているが、この監督の凄さは大スケールのロケーションの絶妙な見せ方にある。本作でも中東の荒涼とした風景と殺伐とした物語展開を絶妙に融合させて、映画的なスケールの広がりを見事に演出している。このプレミア感溢れる作品の空気感作りの上手さが、彼がSF大作に抜擢され続けている理由の一つだろう。とはいえ個人的には、彼が本作ののちに監督したサスペンス・スリラー「プリズナーズ」（2013年）、「ボーダーライン」（2015年）あたりが、一番映画ならではのプレミア感とソリッドな味わいとが巧みに融合している印象があって気に入っている。

これ以上無い戦慄の真相

非常にショッキングな展開の続く作品ながら、やはり本作を世界的な傑作にまで引き上げたのはその壮絶な真相部分にある。序盤に張られた「プールサイドで突然ショック死に至るほど衝撃的なことって何⁉」というハードルの高い伏線を、完膚なきまでに回収してくるこのシナリオ。あまりに非情な真相に、冗談ではなく目の前が真っ暗になるような戦慄を覚えた。そしてその衝撃を引きずり続ける鑑賞後感に、ただ打ちひしがれることしかできなかった。

究極の愛と憎しみを描き出し、観客の心に消えない傷痕を残す映画。巨匠ドゥニ・ヴィルヌーヴの貴重なカナダ時代の作品であり、映画ファンは見逃してはならない傑作である。

INFORMATION

『灼熱の魂（原題:INCENDIES）』
■2010年製作／カナダ・フランス合作／131分／PG12
■監督・脚本：ドゥニ・ヴィルヌーヴ
■出演：ルブナ・アザバル、メリッサ・デゾルモー＝プーラン、マキシム・ゴーデット、レミー・ジラールほか
■日本初公開：2011年

12

炎628

残酷さを極めた唯一無二の超傑作戦争映画

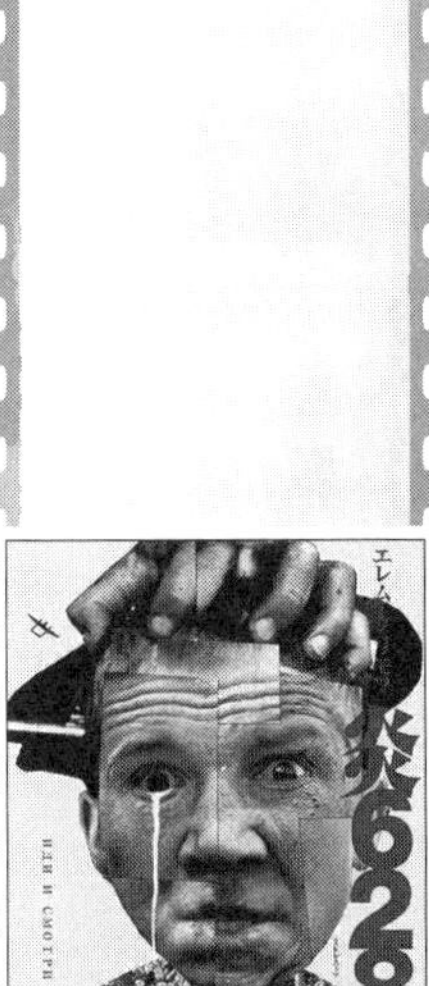

胸糞度★★★★★
絶望度★★★★☆

独ソ戦という史上最悪の地獄

ドイツ軍に占領された白ロシア（現在のベラルーシ）に住む少年・フリョーラは、打倒ドイツのためゲリラ軍への参加を決意する。だが戦場に一歩踏み込んだ彼に待ち受けていたのは、絶え間ない戦場の恐怖と、想像を絶するドイツ軍の残虐さだった……。

究極の戦争映画である。エンタメ性をとことん排除して、人が人を殺すという戦場の地獄をここまで克明に描いた作品は他に記憶がない。集団ヒステリー状態に陥り、爆笑しながら火炎放射で村人を焼き殺し記念撮影をするドイツ軍兵士たち。ある国民が別の国民を根こそぎ殲滅してゆくその姿は、胸糞という次元すら超えて人類の悲劇を目撃している気分になり、ただただ言葉を失う。

本作で描かれる独ソ戦は、人類史上でも類のない最悪の戦いと言われる。陸地続きで2つの大軍が激しくぶつかり合った結果、憎しみが憎しみを呼び、終盤には捕虜にするという意識も失われてただただ兵隊が相手国の一般市民を虐殺してゆく惨状に突入していったという。第二次世界大戦での死者数を国別に見ると、実はソ連が2100万人（諸説あり）とずば抜けて多いのである。日本が230万人（諸説あり）だから、いかにこの独ソ戦が壮絶だったかが伝わってくる。この未曾有の経験をしたソ連という国だからこそ世に出せた、絶望を超えた戦争の悲惨さがリアルに迫ってくる一本である。

少年のとてつもない演技

本作の主人公は、笑顔がよく似合う、母親と妹たちと幸せに暮らしている少年。しかし彼は戦場に駆り出されたことで、度重なる空襲や銃撃、地雷爆発の恐怖に苛まれる。さらに行く先々の村で、ドイツ軍兵士たちが人々を虐殺し村ごと焼き払う姿を見て発狂してゆく。そしてたどり着いた映画の終盤……ここで見せる少年の顔つきのえげつなさはとても言葉にできない。どうしたらこんな表情が、こんな演技が引き出せるのか。髪は白髪になり、顔は皺だらけで老婆のようになった少年の姿。クライマックスのヒトラーへの怒りを込めた映像の濁流の如きモンタージュは間違いなく映画史に残る。この戦争で命を落とした2100万人のソ連人たちの怨念と憤怒が乗り移ったような物凄い演出は、もはや観客の正気すらも奪う程凄まじい。

628というのは、ドイツ軍によって焼き払われた白ロシアの村の数を表しているという。地獄のように後味が悪く、そして人類が見るべき傑作がここにある。

INFORMATION

『炎 628
(原題：Come and See)』
■1985 年製作／ソ連／ 143 分
■監督：エレム・クリモフ
■脚本： アレシ・アダモヴィチ、エレム・クリモフ
■出演：アレクセイ・クラフチェンコほか
■日本初公開：1987 年

【胸糞映画コラム】
スピルバーグの戦争映画

他にナチスによるホロコーストを描いた作品といえば、やはりまず1993年のアカデミー作品賞受賞作「シンドラーのリスト」が挙げられる。スピルバーグがここまで胸糞悪い映画を撮るのかと驚くレベルの残酷描写が続出。ユダヤ人虐殺というテーマで観客の気分をどん底まで落ち込ませながら、人間本来の持つ強さと優しさもしっかりと描いてゆく人類史上に残る超傑作であった。同監督の「太陽の帝国」「プライベート・ライアン」も、戦争の悲惨さを描いた壮絶な名作だが、一応エンタメの構造にはなっているので、ここに「炎628」の持つ圧倒的異様さとの差異がある。

Chapter 2
戦慄の サスペンス&ホラー映画

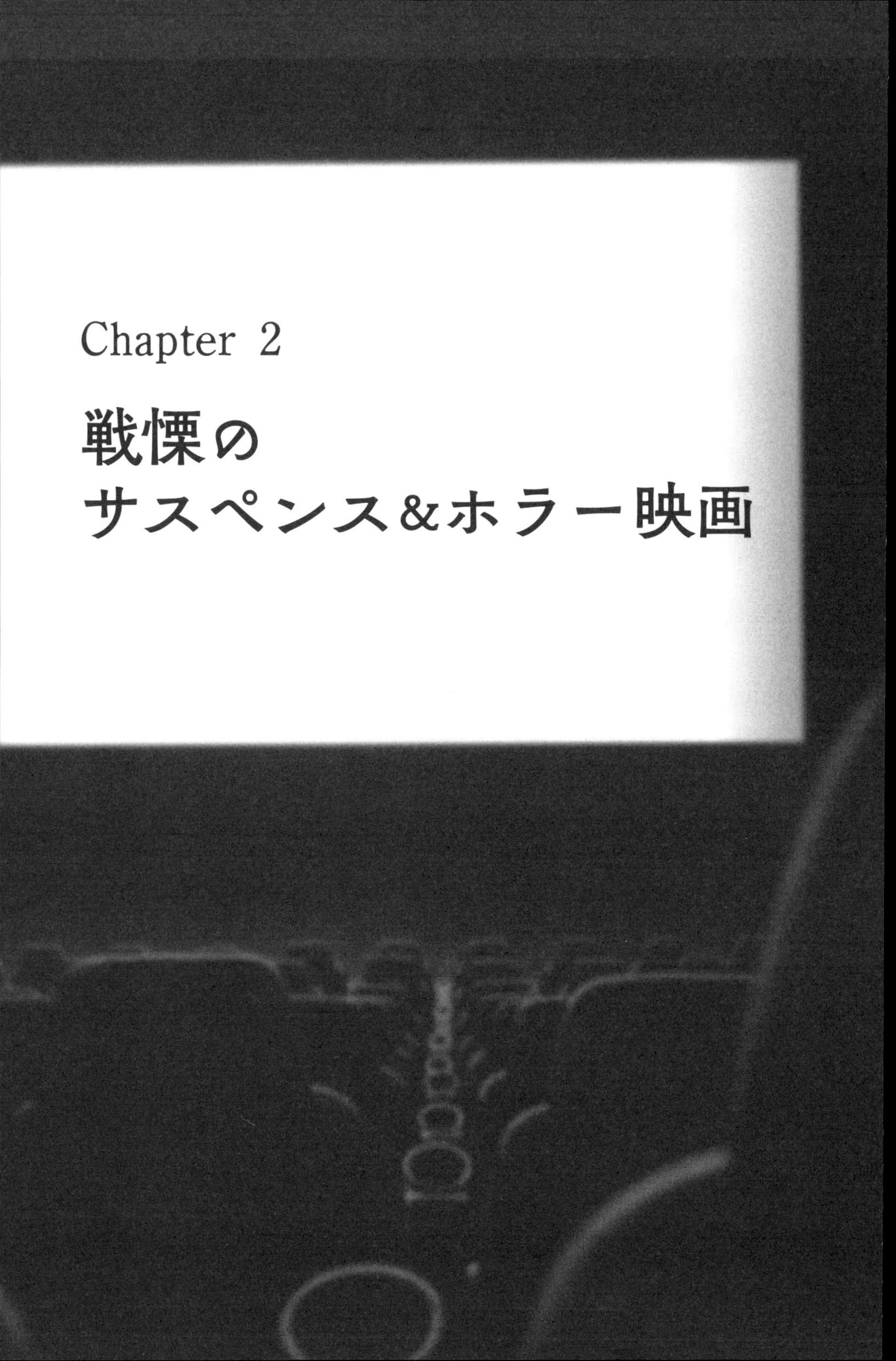

13

セブン

忘れられぬラストシーンの絶望感

胸糞度 ★★★★☆
絶望度 ★★★★★

サイコサスペンス映画の金字塔

キリスト教の「七つの大罪」をモチーフにした連続猟奇殺人事件が発生。新人刑事ミルズ（ブラッド・ピット）とベテラン刑事サマセット（モーガン・フリーマン）の2人が真相を追いかけるが、その果てにあるのは常軌を逸した恐るべき事件の全貌だった……。

巨匠：デヴィッド・フィンチャーが、その極限なまでの後味の悪さで数多くの観客にトラウマを残してきたサイコサスペンスの超傑作である。《サイコ》というのは人間の異常心理を意味する言葉であり、サイコサスペンスというのは人間の狂気が恐ろしいジャンルになるわけだが、90年代はこのテの傑作映画が多く世に出た時代であった。不倫の成れの果てを描いた「危険な情事」（１９８７年）、熱烈な小説家ファンの狂気を描いた「ミザリー」（１９９０年）、復讐心と母性が暴走する「ゆりかごを揺らす手」（１９９２年）、ひたすらデ・ニーロが怖すぎる「ケープ・フィアー」（１９９１年）、サイコパスな子供の恐怖を描いた「危険な遊び」（１９９３年）など枚挙にいとまがない。中でも特に高い評価を受けたのが、「羊たちの沈黙」（１９９１年）。完璧に構築されたシナリオと主演2人の名演技は圧巻の一言で、アカデミー賞では主要5部門を独占する快挙を成し遂げ、このジャンルに金字塔を打ち立てた。しかし、誰もがこれ以上の作品は出ないだろうと思っていた矢先、またしてもあらゆる面で神懸かり的なクオリティを持つサイコサスペンス映画の決定版が公開される。それが本作「セブン」であった。

本作が凄いのは、まずその映像面での圧倒的な完成度だろう。MVの監督出身で異常なまでの完璧主義者であるデヴィッド・フィンチャーは、一切の妥協を許さず、まるで猟奇殺人とアートが融合したかのような世界観を作り上げた。おぞましくグロテスクなのに、まるで上質な芸術作品を見ているかのような錯覚を受けるのだ。かと思えば、激しい雨の中で刑事が犯人を追いかける場面では、見事な映像演出と編集で圧巻のアクションシーンを演出。ロケーションの変化も凄まじく、終盤だけ気味の悪いほどに晴れた砂漠で展開させるなど、常人では考えつかない構成力が光る。トータルで、どこを切り取っても見せ場であるかのような驚異的な映画が誕生することになった。

INFORMATION

『セブン（原題：Se7en)』
■1995年製作／アメリカ／126分
■監督：デヴィッド・フィンチャー
■出演:ブラッド・ピット、モーガン・フリーマン、グウィネス・パルトローほか
■日本初公開：1996年

忘れられぬラストシーンの絶望感

印象的な要素は多々あれど、やはり本作が伝説となった理由はあの容赦のないラストをおいて他にない。まずもってこんな結末に帰結させてゆくシナリオの完成度が凄いわけだが、ブラッド・ピット、モーガン・フリーマン、ケビン・スペイシーという超名優3人が揃い踏みのあのラストシーンは、極限の選択に胸をかきむしられる地獄の名場面である。私はこの作品でブラッド・ピットという俳優の本当の凄さを思い知らされた。

全ての要素が最高品質の本作。サスペンスであり、アートであり、ホラーであり、人間ドラマであり、最凶のどんでん返しスリラーである。未来永劫語り継がれるであろう絶望のラストをぜひ体感してほしい。

14

ミスト

映画史に残る最悪のバッドエンド

主人公補正がほとんど効かない最悪の展開

信じられない残酷さ。どうしたらこれほど後味の悪い結末を思いつくのかと震える伝説の超絶胸糞映画である。

８歳の息子とスーパーマーケットで買い物をしていたデイヴィッドは、突然建物の周囲に霧が立ち込め、外にいる人間が《何か》に襲われてゆくのを目撃する。客たちとスーパー内に立て篭もり、怪物たちと戦おうとするデイヴィッドだったが、極限状態の中で徐々に人間同士のいがみ合いが発生してゆく……。

霧の中にいるグロテスクな怪物に、罪もない人間たちが惨殺されてゆくだけでも相当に気分が悪いが、本作の胸糞度をぐんと上げているのは、スーパーの客の一人であるキリスト教狂信者のおばさん：カーモディ夫人（マーシャ・ゲイ・ハーデン）の存在であろう。怪物の襲撃はハルマゲドンの始まりだと絶叫し、自分の支持者を増やしてゆく。そしてスーパーの中に対立構造を生み出し、人間同士の殺し合いを扇動してゆく様は殺意を覚えるほど憎たらしい。怪物にめちゃくちゃにされるフィジカル面と、おばさんにめちゃくちゃにされるメンタル面、両方の胸糞が同時に押し寄せて来るさまがまさに最悪である。

普通こうした映画の場合、主人公が頑張って局面を打開してゆくものなのだが、本作のデイヴィッ

胸糞度 ★★★★☆
絶望度 ★★★★★

ド（トーマス・ジェーン）は色々頑張りはするものの、その努力はほとんど実らずに終わってしまう。この《映画のようにはいかない》リアルさがまた本作に独特の嫌な味わいをもたらしている。主人公にスター級の俳優を配置しなかったというのもその意図があるのではないだろうか。

どうしたらこんな結末を思いつくのか

本作は2種類の胸糞構造があった上で、さらに終盤に最大の衝撃が待ち構えているという胸糞三重構造になっている。実はあの結末は原作にないものなのだが、制作サイドからその提案を受けた原作者スティーブン・キングは「そんな結末は思いつかなかった！ 素晴らしい！」と絶賛したらしい。ちなみに筆者はかつて劇場公開時に後輩と本作を鑑賞した際、そのあまりに救いのない鬱エンドに悪態が止まらなかった。しかし時が経つにつれて次第に考えが変化してゆき、15年以上が経過した今ようやく「あそこまで気分の悪いラストシーンを世に出したというのは、相当凄いことなのでは？」と再評価している。霧の中からアレが出てきた瞬間の絶望が今でも鮮明に思い出せるあたり、やはりとてつもない力を持ったバッドエンド映画なのだと思う。

INFORMATION

『ミスト（原題：The Mist）』
■2007年製作／アメリカ／125分
■監督・脚本：フランク・ダラボン
■出演：トーマス・ジェーン、マーシャ・ゲイ・ハーデン、ローリー・ホールデンほか
■日本初公開：2008年

【胸糞映画コラム】「ペット・セメタリー」

本作の原作者スティーブン・キングは、言わずと知れた《ホラーの帝王》の異名も持つ世界最高の作家の一人だが、それだけに「キャリー」など胸糞度が高い名作も多い。中でも1989年に映画化された「ペット・セメタリー」は、あまりのおぞましさにキング自身が「出版を見送った」という程の曰く付きの傑作である。悲劇的な展開の果てに待ち受ける絶望のラストシーンには言葉を失う。《悲しきホラー映画》の代表格といえる、こちらも一見の価値がある名作である。

15

女神の継承

R-18指定確実の戦慄のタイ産ホラー

胸糞度 ★★★☆☆
絶望度 ★★★★☆

アジアン・ホラーの決定的傑作

タイの小さな村で暮らす若い女性ミンは、ある日原因不明の体調不良に見舞われ、次第に人格が変わったような凶暴な言動を繰り返すようになる。途方に暮れた母親は、祈祷師である妹のニムに助けを求める。しかしミンには想像を絶する力を持った悪霊が取り憑いており、次第に彼女の周囲は地獄絵図の様相を呈してゆく……。

本作の原案・製作は、韓国を代表するスリラー監督のナ・ホンジン。「チェイサー」（2008年）、「哭声《コクソン》」（2016年）など、苛烈かつ絶望度の高い作家性で国際的にも有名になった彼が、企画をタイに持ち込み、満を持して両国の合作で作り上げた究極のアジアン・ホラーが本作である。上映時間は131分。ホラー映画としては破格の長さだが、終わってみると本作の地獄を描くにはこの尺が必要だったのだと思わされる。エンドロールに辿り着いた時の絶望感は凄まじく、筆者は映画館で「久しぶりに本物のホラー映画を観た……」と虚脱し、エンドロールのあいだ恐怖の余韻に打ち震えるしかなかった。

計算され尽くした絶望の構成

本作で採用されているのは、モニュメンタリーと呼ばれる撮影手法。手持ちカメラでドキュメンタリー仕立てで物語を追ってゆくこの手法は、「ブレア・ウィッチ・プロジェクト」（1999年）、「クローバーフィールド」（2008年）、「REC／レック」（2007年）など数多くのホラーの名作を送り出してきた。しかし現在のホラー映画ではこの手法が乱立しており、もはやそれ自体に目新しさは存在しない。この作品も序盤はこの撮影手法と、ベタなエクソシスト的展開が続き、意外と月並みな作品なのではと思わされる。だがそれは、ここから始まる壮絶な惨劇への前フリでしかなかった。

　中盤になって本格的に悪霊が暴走しはじめると、次第に衝撃的な展開が繰り出され始める。戦慄の映像の数々が、ボディブローのように観客にダメージを喰らわせてゆく。一方で、ハッピーエンドへの希望に繋がる要素は、一つまた一つと剥ぎ取られてゆく。そしてクライマックスの除霊儀式のシーン……あまりの地獄絵図と容赦のない展開、そして気がつけば絶望以外に何も存在しなくなっている惨状に愕然とするしかなくなる。序盤に観客を油断させておいて、徐々に恐怖の濃度を上げてゆき、クライマックスに想像を絶する山場を配置する。この計算され尽くされたシナリオの完成度は圧巻である。

　それにしても、ミン役を演じた女優：ナリルヤ・グルモンコンペチの壮絶な演技には舌を巻くしかない。徐々に悪魔に取り憑かれてゆく役どころなのだが、悪霊のパワーが凄すぎて中盤以降はほとんど白眼を剥き、四つん這いで高速移動を繰り返す凄まじさである。女優さんの精神状態は大丈夫だったのかと不安になると同時に、こんなあられもない姿を世界中に公開してよかったのだろうかという点も心配になる。

　アジアン・ホラーの決定的な傑作であり、タイという国に根差したおぞましい悪霊や儀式の数々に卒倒しそうになる本作。ぜひこの恐怖を体感してほしい。

INFORMATION

『女神の継承
（原題：The Medium）』
■2021年製作／タイ・韓国合作／131分／R18+
■監督・脚本：バンジョン・ピサンタナクーン
■出演：ナリルヤ・グルモンコルペチ、サワニー・ウトーンマほか
■日本初公開：2022年

16

ヘレディタリー／継承

史上最も破滅的な現代ホラー映画

胸糞度★★★★☆
絶望度★★★★☆

演出・音響・演技が一体となった恐怖

一家の年長者だった老女が亡くなり、残された父、母、長男、長女の家族4人。だが、家の中で次々と怪奇現象が発生。さらに長女までもが異常行動を取り始め、一家は徐々に何かの黒い力によって破滅へと向かい始める……。

2010年代最恐とも呼ばれる驚愕のホラー映画である。上映時間はたっぷり127分。怪異によって一家が追い詰められてゆく作品はこれまでにも多々あるが、ここまで長尺を使ってじっくりと、行き届いた演出でその恐怖を描ききった作品は記憶にない。監督は撮影当時弱冠31歳の天才アリ・アスター。一切の妥協が感じられない圧倒的なクオリティの映像の積み重ねは白眉で、その絶妙な編集力にも舌を巻く。特に前半で登場人物の一人が凄まじい死に方をするシーン……あの観客の想像力を活かした恐怖演出には鳥肌が立った。それぞれの恐怖シーンで流れる延々と続く恐怖音響もただただおぞましい。あまりのガチな恐ろしさにサントラを聞くことすら躊躇ってしまうほどである。

実力派キャストたちによる恐怖芝居も圧巻だ。特にトニ・コレット（「シックス・センス」や「リトル・ミス・サンシャイン」の母親役の人）の顔面力は強すぎて、その恐怖に慄くおぞまし過ぎる表情には観客も一緒に戦慄するしかない。一体この方の表情筋はどうなっているのだろうか。ある意味で半沢直樹のような顔芸作品でもあるのだが、全く笑えずただひたすらに恐ろしいのは、この俳優陣の常軌を逸した迫力の表情にある。とにかく演出・音響・演技の三位一体感が凄まじい作品である。

良いことが何も起こらない

それにしてもこの映画、序盤からひたすらに観客が嫌がる展開を連発し続ける。どこまでも生理的嫌悪感をもよおす怪異の数々、動物の首を切り落とすような痛々しい登場人物の奇行、家庭内で不和が発生しいがみ合う親子たちのドラマ……それぞれの要素に一切の光が無く、2時間延々と最悪に向かう展開は胸糞極まりない。

ただこれがラストシーンになると、あまりにも救いが無さすぎて、この最悪さがある種のカタルシスにすら転じてゆくのがこの作品の凄いところである。エンドロールに入った瞬間の、劇場全体のポカーンとした雰囲気は今でも忘れられない。ストーリーが想像を絶した境地に辿り着いてしまうので、その理解不能さにも唖然としてしまうのだ。物語に関してはかなり難解で、初見では理解しきれない部分も多い作品だが、かえってそれが全貌の見えない悪夢感を増幅している。とにかくあらゆる意味で破格のホラー映画である。

INFORMATION

『ヘレディタリー／継承（原題：Hereditary）』
■2018年製作／アメリカ／127分／PG12
■監督・脚本：アリ・アスター
■出演：トニ・コレット、アレックス・ウルフ、ミリー・シャピロ、アン・ダウド、ガブリエル・バーンほか
■日本初公開：2018年

【胸糞映画コラム】

「ミッドサマー」

アリ・アスターが「ヘレディタリー」の後に監督した変態スリラー映画である。陽が沈まない白夜の北欧……その怪しい村に訪れた若者たちに極限の恐怖が襲いかかる話。147分にわたり展開する圧倒的にクレイジーな世界、常識が通じないという絶望、エロとゴア描写。「ヘレディタリー」以上の意味不明さと突き抜けたインパクトで観客全員を唖然とさせる怪作である。こちらも最悪of最悪な展開が続く作品なので、未見の方はぜひチェックしてみてほしい。

17

悪の教典

東宝300館規模公開が嘘のような高校生虐殺スリラー

胸糞度 ★★★★☆
絶望度 ★★☆☆☆

貴志祐介の傑作サイコサスペンスの映画化

高校教師の蓮実聖司(伊藤英明)は、端正な顔立ちとフレンドリーなキャラでみんなから好かれる人気教師。生徒からは〝ハスミン〟という愛称で呼ばれている。だがその正体は、他者への共感能力を一切持たないサイコパスであり、私利私欲のためなら他人を排除することもいとわない殺人鬼だった。ある日、小さな綻びからこれまでの悪行が露見しそうになってしまった蓮実は、それを隠蔽するためにある解決策を思いつく。それは、夜の学校で自分のクラスの生徒全員を殺害して口を封じることだった……。

原作者の貴志祐介は、「黒い家」「天使の囀り」「新世界より」等、ホラーとエンタメ要素の両立したスリラーを書かせたら右に出る者のいない天才小説家だが、そんな氏がまたしても常人離れした発想で、サイコサスペンスとデスゲームを融合させてしまった傑作が本映画の原作である。この小説が新しく魅力的だったのは、何と言っても地の文がサイコパスである主人公の主観で書かれ、物語が展開してゆく点だろう。自分の利益追求以外に興味がない、サイコパスという特性のおぞましさが存分に描かれ、恐ろしくも凄まじいリーダビリティにページをめくる手が止まらなくなる。下巻の後半になるといよいよ殺戮の嵐が吹き荒れ、あまりの死体量に胃もたれを起こすのだが、それでも寝不足になりながら一日で読了してしまったのを今でも覚えている。本作が三池崇史監督、伊藤英明主演で映画化すると知った時には非常に楽しみになったものである。

あまりにも強すぎる殺人鬼

当然ながら、上巻・下巻にわたる長大な原作を2時間の尺で映画化するには、様々な要素の取捨選択が必要である。そこで下した制作サイドの一つの決断……それは主人公のハスミンを徹底的に無敵化するということだった。

映画だけ観た方には意外に思われるかもしれないが、実は原作ではハスミンに果敢に立ち向かう強キャラがそれなりにいて、彼もダメージを負ってゆくのである。このバトル漫画感が大きなエンタメ要素になっていたのだが、映画では尺の問題からかほとんどが省かれ、ハスミンがひたすらに強い。もはや強すぎて誰もが抵抗すらできずに殺されてゆく。染谷将太、林遣都、ブレイク前の松岡茉優、伊藤沙莉、岸井ゆきの、工藤阿須加といった超豪華な面々が、持ち前の演技力を披露する時間も殆ど無く惨殺されてゆくのはある意味貴重だが、相当に胸糞が悪い。このエンタメにすらならない虐殺具合が、本作を非常に後味の悪いものにしているに違いない。公開当時AKB48の大島優子が涙ながらに「この映画嫌いです！」と発言するなど賛否の分かれた本作だが、こうした炎上要素も話題に繋がったのか、最終的には興行収入20億円を突破する大ヒットとなった。

前半の気合の入ったサスペンス描写は、まさに三池崇史監督の面目躍如という素晴らしさだし、映画ならではの良さも沢山存在する一本である。何より、瞳孔を全開にしたままショットガンを撃ち続ける伊藤英明の怪演は永久に記憶に残る。興味がある方は原作・映画を観比べてみるのも面白いかもしれない。

INFORMATION

『悪の教典』
■ 2012年製作／日本／129分／R15+
■監督・脚本：三池崇史
■出演：伊藤英明、二階堂ふみ、染谷将太、林遣都、浅香航大、水野絵梨奈、山田孝之、平岳大、吹越満ほか
■公開日：2012年11月10日

18

隣人は静かに笑う

比類なき戦慄のクライマックス

胸糞度 ★★☆☆☆
絶望度 ★★★★★

90年代を代表する
サイコサスペンスの超傑作

大学教授のマイケルは、隣の家に住んでいる夫妻との交流を始める。気が利き人当たりも良い素敵な隣人たち。だがマイケルは、とあるきっかけから彼らがテロリストなのではないかと疑念を抱き始める……。

「衝撃のラスト」をうたう映画はこの世に数あれど、本作ほど凄まじい結末を持った作品があるだろうか。ツカミ満点の導入、背筋の凍るいかにもスリラーという展開、怪しいキャラクターたち、そして終盤の戦慄の大どんでん返し……まさに傑作サスペンスとしての全魅力を備えたかのような超傑作恐怖映画である。その結末のインパクトは「セブン」や「ソウ」に比肩するレベルであり、テレビから流れてくるニュースの見方すら変わってしまう程。私はこの映画を中学生の時に観て、あまりに容赦のない結末に危うく人間不信に陥りかけてしまった。

そしてこの作品、オープニング5分のツカミもスリラーのお手本のような素晴らしさなのだ。住宅街を大量出血した男の子がフラフラと歩き続ける。主人公がその異常さに気付き、病院へ搬送するなか、サスペンスフルな恐ろしい音楽とともにオープニングのスタッフロールに突入してゆく……映画への没入感を120％にする職人技がここに凝縮されている。

そして、メインキャスト3人の

完璧なまでのハマりっぷりも本作の魅力である。主演のジェフ・ブリッジスは2009年「クレイジー・ハート」でアカデミー主演男優賞を受賞する言わずもがなの名優だし、共演のティム・ロビンスはこの前に「ショーシャンクの空に」で演じた善人のイメージが強かっただけに、その印象を一蹴する怪演に背筋が凍る。そして極め付けは隣人の奥さんを演じたジョーン・キューザックの笑顔……観た者にしか伝わらないのが惜しいが、トラウマとしか言いようのない恐ろしさである。

あまりに衝撃すぎてレンタル禁止に

戦慄の結末が本作のハイライトなのだが、あまりにも衝撃&胸糞すぎたことが災いして911テロ以降は、日本のレンタルビデオ屋でも自主回収が行われ取り扱いが減ってしまったという噂もある。私も2011年の東日本大震災発生直後にTSUTAYAの在庫状況を確認したことがあるのだが、全く取り扱われなくなっていた。現在は店舗によっては取り扱いを再開しているようだが、在庫数は少なく、配信もU-NEXTのみに留まっている。

個人的に本作は、90年代のサイコサスペンスとしては「羊たちの沈黙」「セブン」に比肩するレベルだと思っているのだが、それほど知名度を得られていないのは、こういった事情により観客の鑑賞機会が限定されてしまっている状況もあるのかもしれない。また上記の2作に比べると、いささか名画らしい重厚さに欠けるきらいはある。とはいえ、本作を監督したのはMV界の巨匠マーク・ペリントン。スピーディなカメラワークや編集ワークは充分に冴えており、観客をぐいぐいと物語世界に引き込む確かな凄さがある。知る人ぞ知る作品に留めておくには惜しい、サスペンスファンは必見の絶望映画である。

INFORMATION

『隣人は静かに笑う
（原題：Arlington Road）』
■1998年製作／アメリカ／119分
■監督：マーク・ペリントン
■脚本：アーレン・クルーガー
■出演： ジェフ・ブリッジス、ティム・ロビンス、ジョーン・キューザックほか
■日本初公開：1999年

19

凶悪

闇の深すぎる展開に衝撃を受け続ける絶望映画

胸糞度 ★★★★☆
絶望度 ★★★★☆

ノンフィクション小説をベースにした人間の恐怖

雑誌社に勤める藤井（山田孝之）のもとに、ある日東京拘置所に収監中の死刑囚・須藤（ピエール瀧）からの手紙が届く。出向いた藤井が聞かされたのは、警察も知らない須藤たちが起こした3件の殺人の余罪と、それらの事件の首謀者である「先生」と呼ばれる男・木村（リリー・フランキー）の存在だった……。

「死刑にいたる病」「孤狼の血」……いまや日本のバイオレンス・スリラー映画界隈で右に出る者のいない名監督となった白石和彌氏。その名前が全国に知れ渡るきっかけとなった、圧倒的にえげつなく、それでいて絶妙な調和を見せている傑作が本作である。

まずイビツなようで計算された、シナリオの三部構成が素晴らしい。第一部ではピエール瀧の凶暴性と事件の概要が描かれ、第二部でリリー・フランキーの持つ圧倒的な極悪さを描く。そして第三部でいよいよ山田孝之が事件を解決に導くのかと思いきや、なんと彼自身が事件の持つ凶暴性に飲み込まれる様に、精神崩壊の様相を見せてゆく。この登場人物全体に《凶悪》という概念が広がってゆく感覚こそが出色で、この世の人間たちが孕むどす黒さに絶望せずにはいられなくなる。「凶悪」というタイトルの秀逸さにひれ伏す思いである。

それぞれに極悪人を演じたキャストの名演

本メインキャストの当時の状況といえば、既に山田孝之は実績十分であったものの、リリー・フランキーとピエール瀧はまだまだ俳優としてのイメージが色濃くつく前だったように感じられる。そんな2人が想像を絶する残虐演技を見せるさまはまさに鳥肌で、特にリリー・フランキーは当時「そして、父になる」が公開中だったこともあり、その落差が映画ファンをどん底に突き落としたものだった。この2人をキャスティングした制作サイドの慧眼も相当なものだったと思えるが、両方凶悪でありながら、この2人の全然違うキャラクター造形も目を見張る。

ピエール瀧はいわば《純粋悪》。些細なことにカッとなり、ちょっとした裏切りも許せず、逆上して簡単に人を殺す。対してリリー・フランキーは《サイコパス》。人をいたぶるのが好きで、真綿で首を絞めるような殺人計画の糸を引く（が、後半になってこの印象が変わるのがこの映画の肝でもある）。本作を観た全ての人間がまず思い出す残虐シーンといえば、2人が保険金目当てで肝硬変に見せかけて一人のおじいさんを殺す場面だろう。ピエール瀧が嫌がるおじいさんに無理矢理ウイスキーを飲ませ続け、リリー・フランキーがはしゃぎながら電気ショックを加えていたぶる場面の凄まじさは表記不能である。「いつまで生きてんだよぉ〜！」と爆笑するリリー氏の姿を見て、筆者は本当に映画館で席を立つ寸前のところまで追い詰められたのを覚えている。

この世の負の側面が垣間見える傑作であり、人間誰しもが持つ凶悪性を炙り出す救いなき一本。もしかしたら、この本に掲載されている残酷な映画を「胸糞だよね〜」と眉を顰めながら、心のどこかで楽しんでいる我々も《凶悪》なのかもしれない。

INFORMATION

『凶悪』
■2013年製作／日本／128分／R15+
■監督：白石和彌
■脚本：高橋泉、白石和彌
■出演：山田孝之、ピエール瀧、リリー・フランキー、池脇千鶴、白川和子ほか
■公開日：2013年9月21日

20

ソフト/クワイエット

全編ワンカットの超絶長回し胸糞映画

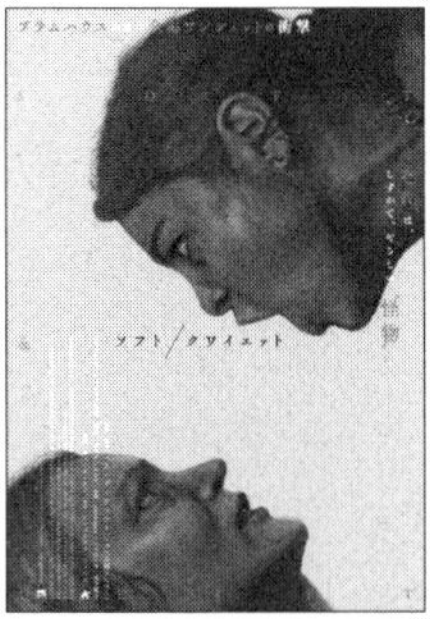

胸糞度 ★★★★☆
絶望度 ★☆☆☆☆

人種差別を火種とした悪夢

幼稚園に勤めるエミリーは、白人至上主義グループを結成して最初のミーティングを開く。そこには6名の女性たちが参加し、日頃の不満や過激な思想を共有して盛り上がるが、2次会に向かう途中に立ち寄ったお店でアジア系姉妹と口論になる。憎しみと暴力は連鎖して増幅し、取り返しのつかない事態へと発展してゆく……。

本作を製作したブラムハウスといえば、「ハッピー・デス・デイ」「ゲット・アウト」「M3GAN ミーガン」など、その天才的な着想でスリラー映画の快作を次々と発表し続ける、今の映画界で最も勢いのある制作プロダクションの一つである。本作も巧みな脚本で、あれよあれよと観客を引きつけてゆく確かな力のある作品だが、その不快度は他の作品と比べて群を抜いている。それはひとえに、本作が人種差別というテーマに根ざしており、そこから生まれる理不尽な暴力と、人間の愚行の数々を延々と見せつけられるからに他ならない。

驚異の92分ワンカット撮影

本作の凄い点は、まず92分ワンカット（に見える）という驚異の撮影手法を実現した点だろう。よく見るとところどころCGで繋いだ箇所は散見されるのだが、それにしても相当な分量の長回しを成功させているのは確かである。そしてカットを割らずに時間をリアルタイムで描くからこそ、主人公達が調子に乗って暴力をエスカレートさせてゆく様がリアルに伝わってきて、観客に悪夢のような没入感を与えてくる。物語を夕方から始めることで、登場人物が闇落ちしてゆくに連れて外の景色がどんどん暗く変化してゆくというのも実に効果的である。

登場人物のキャラクター配置もよく考えられている。主人公のエミリーは、白人至上主義をうたうものの、実は面と向かって人を批判できない臆病者である（冒頭の、幼稚園の子供を使って黒人に注意させるくだりが既に腹立たしい）。一方レスリーという女性は、人に誘われてグループに参加しただけと謙遜し、有色人種への恨みもないが、実は刑務所帰りで恐ろしい凶暴性を秘めている。この2人の力関係が、いよいよ非常事態になって逆転してゆくさまは、人間の本質を見ているようで非常に引き込まれる。それにしてもアル中のキャラクター：アンの馬鹿さにはひたすらに胸をムカムカさせられた……。

多様性が良しとされている風潮の中で、爪弾きにされた白人たちのヘイトクライムが暴走する社会派スリラー。欲を言えば、終盤にもうひと展開あればレジェンドクラスの胸糞映画になったのではという惜しさはあるが、鑑賞中に飽きさせないオススメの一本である。

INFORMATION

『ソフト／クワイエット（原題：Soft & Quiet）』
■2022年製作／アメリカ／92分
■監督・脚本：ベス・デ・アラウージョ
■出演：ステファニー・エステス、オリヴィア・ルッカルディ、ダナ・ミリキャンほか
■日本初公開：2023年

【胸糞映画コラム】

「ウトヤ島、7月22日」

2011年にノルウェーで発生し、69人が犠牲となった史上最悪レベルの銃乱射事件の映画化。なんと全編のうち72分を本当のワンカットで描いているという物凄い作品である。カメラは一人の少女に密着し、島の中を逃げ惑うさまをひたすらに追ってゆく。いつ犯人に銃撃されるか分からない恐怖。周囲に死体がどんどん増えてゆく地獄。思わず見入ってしまう、シビアすぎるワンカット映画がここにもある。

21

あまりにも凶悪過ぎるおとぎ話

哀愁しんでれら

胸糞度★★★★☆
絶望度★★★★☆

思わず発狂しそうになる結末

市役所に勤める小春（土屋太鳳）はある日、信じられない不幸が重なり全てを失ってしまう。そんな彼女の前に、8歳の娘を男手ひとつで育てる開業医の大悟（田中圭）が現れる。まるで王子様のような彼に惹かれた小春は結婚するが、彼女は新しい家族の中でだんだんと心を病んでゆき、やがて社会を震撼させる凶悪事件を起こすことになる……。

公開当時33歳の新鋭：渡部亮平氏が企画・監督・脚本を兼任した本作は、「足のサイズしか知らない王子様と結婚したシンデレラは、本当に幸せになれるのか?」というブラックな問いかけが軸となる戦慄のスリラーである。結婚したからといって幸せになれるわけではない。その後待ち受けるのは延々と続く夫婦生活。極端な話、配偶者とその連れ子がとんでもないサイコパスだったら、彼女はどうなってしまうのか……本作はお姫様の《その後の人生》を描く衝撃の現代版シンデレラストーリーなのである。

前半こそおとぎ話のように、笑いどころを交えながらコミカルに展開するが、それは観客を油断させるための性格の悪い前フリでもある。中盤から徐々に雲行きが怪しくなってゆき、続発する胸糞展開が観客のメンタルにボディブローを喰らわせてゆく。どんどん逃げ場が封じられてゆき、やがてたどり着く戦慄の結末は、あまりにもクレイジーすぎて観客が発狂しそうになるほどの凄まじい破壊力を持っている。

TSUTAYA CREATORS' PROGRAM発の快作

本作は2016年に、TSUTAYA発の映像クリエイターの「発掘と育成」を目的としたコンペティション：TSUTAYA CREATORS' PROGRAMでグランプリを受賞した企画の映画化である。しかしながら2021年の公開まで約5年の年月がかかっており、完成までには紆余曲折があったことが窺える。まずもって、大規模公開を果たすには余りにも非倫理的すぎるこの結末、映画化するうえでもう少しマイルドにする案も出たのではないかと思う。それでも頑として譲らず、信念を持ってこの結末を突き通した監督の覚悟には恐れ入る。

また主演の土屋太鳳も、何度もオファーを受けたものの3度断り、4度目で受諾したという。主人公が起こす《社会を震撼させる凶悪事件》の内容を知ればさもありなん、という感じだが、結局この役を引き受けた彼女も、諦めず4度もオファーを出す制作サイドも腹の括り方が凄すぎる。この難しい役を臆することなく演じきった土屋氏に拍手である。

そして夫役の田中圭がこれまた素晴らしく、サイコパスと人間の狭間にいるような気味の悪い演技を完璧にこなしている。これまであらゆる役を演じ分けてきた天才俳優だが、本作もその高度な脚本解釈力で作品に豊かさを与えている。連れ子役を演じたCOCOの不気味さはもはや筆舌に尽くし難い。

印象的なキャラクターたちと伏線が張り巡らされた良質なシナリオで紡がれるこの作品。だがやはり、特筆すべきはラストシーンの胸糞悪さだ。まるでおとぎ話のような軽やかで素敵なBGMをバックに描かれる、絶望的なまでに悪趣味な結末は必見である。

INFORMATION

『哀愁しんでれら』
■2021年製作／日本／114分
■監督・脚本：渡部亮平
■出演： 土屋太鳳、田中圭、COCO、山田杏奈、ティーチャ、安藤輪子、金澤美穂、中村靖日、正名僕蔵ほか
■公開日：2021年2月5日

22

悪魔を見た

復讐の成れの果てを描いた韓国映画史上最悪のスリラー

胸糞度★★★☆☆
絶望度★★★☆☆

極限までえげつない ストーリーとバイオレンス

国家情報院の敏腕捜査官：スヒョン（イ・ビョンホン）は、婚約者を何者かに惨殺されてしまう。復讐鬼と化した彼は独自に捜査を進め、やがて犯人の連続殺人鬼：ギョンチョル（チェ・ミンシク）を発見する。だがスヒョンはギョンチョルに重傷を負わせたのち、ＧＰＳカプセルを飲ませてあえて解放する。怒りに包まれたスヒョンの目的は、ギョンチョルを泳がせて少しずつ嬲《なぶ》り殺しにしてゆくことだった……。

究極の韓国産バイオレンススリラーである。２０００年代に入ってから、韓国映画のこのジャンルが名作尽くしなのは映画ファンなら皆が知るところ。「殺人の追憶」（２００３年）、「オールド・ボーイ」（２００３年）、「母なる証明」（２００９年）、「殺人の告白」（２０１２年）等、その容赦のないストーリーとバイオレンス、力強い演出は世界中の観客の心を掴んできた。しかし筆者は本作を観た時、遂に韓国のスリラーはこれ以上存在しない境地にまで行き着いてしまったという印象を受けた。１４４分という長尺にまたがる凄まじいバイオレンスの連続、そして血で血を洗うような全く救いの無いストーリー。タガが外れた2人の人間の暴走に卒倒寸前にまで追い込まれるとんでもない映画である。

凶悪すぎる殺人犯と冷酷すぎる復讐鬼

序盤から何の罪もない女性を惨殺してゆく殺人鬼：ギョンチョルの悪魔のような所業を見せつけられて相当に気を滅入らせられるのだが、主人公：スヒョンが復讐を開始するや否や、徐々にこの男までもが悪魔のように見えてきてしまうところがこの作品のミソである。どこまでも残忍、それでいて目をギラギラと光らせながら冷酷に復讐を続けてゆくイ・ビョンホンの演技は凄まじく、その鬼畜さにも観客は震え上がることになる。そもそも殺人鬼をキャッチ＆リリースする復讐劇という発想が常軌を逸している。

さらにこの映画が変なのは、ストーリーが進行する中でこの2人以外にも殺人犯が何人も登場してくる部分である。彼らも凶器を持って襲ってくるものだから、中盤以降はもはやシーンが変わればバイオレンスが起きるほどの惨状に突入。これを悪趣味と捉えるか、ユーモラスと捉えるか、ノンストップスリラーと捉えるかは人それぞれだが、かなり好みの分かれる映画だと思う。血で血を洗う壮絶な復讐劇……その終盤の展開には観客までもが地獄を味わう羽目になる、韓国映画の裏・決定版として名を轟かす怪作である。

INFORMATION

『悪魔を見た
(原題：I Saw the Devil)』
■2010年製作／韓国／144分／R18+
■監督：キム・ジウン
■出演：イ・ビョンホン、チェ・ミンシク、オ・サナ、チョン・グックァン、チョン・ホジンほか
■日本初公開：2011年

【胸糞映画コラム】
「チェイサー」

こちらの作品も非常にスリリングで凄惨な韓国スリラーの傑作である。風俗嬢を手に掛ける連続殺人鬼を逮捕できるかどうかというストーリー。「哭声」のナ・ホンジン監督の衝撃のデビュー作であり、そのハードでとてつもない演出力に圧倒される。ハリウッドではレオナルド・ディカプリオがリメイク権を獲得したことでも話題となった。映画としての純粋な完成度はおそらく「悪魔を見た」より上、未見の方はこちらの作品から観ていただきたいのだが、やはり相当にメンタルを使うシビアな作品なので覚悟して鑑賞してほしい。

23

マジカル・ガール

スペイン産のあまりにも闇が深すぎる群像劇

魔法少女ユキコは悲劇のはじまり。
マジカル
ガール

胸糞度 ★★★☆☆
絶望度 ★★★★☆

日本のアニメが1つのファクターになる映画

白血病で余命わずかな少女アリシアは、日本のアニメ「魔法少女ユキコ」の大ファン。高額なコスチュームを着て踊りたいという娘の願いを叶えるため、失業中の父ルイスは暴走を始める。そこに孤独を抱えた女バルバラ、刑務所から出所してきたばかりの男ダミアンの存在が絡み合い、事態はさらに取り返しのつかない様相を呈してゆく……。まどマギを思わせる日本のアニメが重要なエッセンスになることを想起させる宣伝の効果もあり、公開当時は日本でもかなり話題になった本作。しかし、それに絡んだストーリーを期待して観に行った観客は一様にこう思ったことだろう。

「なんか、思ってたのと違う……」

理解の範疇を超えた底無しの闇が広がるストーリー

「魔法少女ユキコ」は導入に過ぎず、次第にストーリーは人間の負の側面に覆われたネガティブ極まりない方向へ展開してゆく。やがて脅迫、売春、裏社会の仕事等の事象が絡み出し、スクリーン全体を闇が覆い始める。これを真正面から見せてくれれば、まだクライム・サスペンスとして鑑賞しやすくもなるのだが、本作はそれらをボカして表現してくるので実に厭らしい。つまり、残酷な事象が映像ではほぼ表現されず、キャラクターの背景の説明も明らかに不足している中、最小限のセリフと描写によって観客の想像力に委ねてくるのである。これにより、観客はこの映画の背後に広がるスペイン裏社会の闇の底知れなさを想像し続けることとなり、無間地獄に閉じ込められたような気分になってゆく。

登場人物の一人：バルバラが抱えた闇深さといったら特に凄まじい。とんでもない美人なのだが、明らかに何かが欠落したその人間性。従順に見えて、一瞬先には何をしでかすか分からない危うさ（彼女が何故こんな人間になったのか、過去に何があったのかも殆ど描かれない）。そして彼女が大金を手に入れるために手を染める《手段》のおぞましさが後を引く。結局あの「トカゲの部屋」とは何だったのだろうか……。

登場人物がそれぞれ最悪な選択肢を選び続けた結果、絶望のエンディングを迎える本作。私は本作を恵比寿ガーデンシネマで鑑賞したが、あまりの結末に夢遊病者のようになりながら恵比寿駅まで向かったのを覚えている。かなり難解だが、観客の想像力を主役にするという映画の面白さが活かされた一本。スリラーファンは是非鑑賞してみてはいかがだろうか。

INFORMATION

『マジカル・ガール
（原題：Magical Girl）』
■2014年製作／スペイン／127分／PG12
■監督・脚本：カルロス・ベルムト
■出演：バルバラ・レニー／ルシア・ポシャン／ホセ・サクリスタンほか
■日本初公開：2016年

【胸糞映画コラム】

「悪の法則」

こちらも裏社会の闇と恐ろしさを克明に描いたスリラー映画であり、超豪華キャスト総出演の割に相当に変わった作品である。弁護士の主人公が麻薬ビジネスに手を出したところ、何やらとんでもないトラブルに巻き込まれてゆく話なのだが、なにせその見せ方が非常に分かりにくいため、何がどれ位ヤバいのか観客は良く理解できないのである。そうこうしているうちに、表側にいた主人公サイドの人間が、裏社会から這い出てきた人間に次々と惨殺されてゆく。一般人が軽々しく認識することすら覚束ない、裏側の世界の闇深さと残虐さに絶望的な気分になる恐ろしい一本である。

24

フレンジー

サスペンスの神様が晩年に撮った隠れた胸糞映画

胸糞度 ★★★☆☆
絶望度 ★☆☆☆☆

ヒッチコックの変態趣味が爆発

ロンドンではネクタイを使った連続絞殺事件が起きていた。うらぶれた生活を送るブレイニーは、被害者の一人が絞殺される直前に会っていたため、連続殺人の容疑者として疑われることになる。だが犯人は、ブレイニーの友人であるラスクだった。彼はまんまと犯行を重ね、ブレイニーに濡れ衣を着せてゆく……。

サスペンスの神様と呼ばれる大巨匠・ヒッチコックは、60代後半になって不振にあえいでいた。「引き裂かれたカーテン」（1966年）、「トパーズ」（1969年）といった作品はいずれも評判が芳しくなく、すでに《過去の人》のような扱いになっていたのだ。そんな70代になった彼が、故郷のイギリスに戻り心機一転、持ち味のスリルとユーモアを復活させ、再び輝きを放ったのが本作であった。

……というように巷では高い評価を受ける作品ではあるのだが、筆者は中学生の時に本作を鑑賞したところ、その想像以上にえげつない内容にゲンナリしてしまった。まず殺人シーンがあまりにも生々しすぎるのである。殺人鬼のラスクは、ターゲットの女性に襲いかかりブラウスを引きちぎって、ネクタイを両手に犯行に及ぶのだが、彼女が絶命するまでを執拗なまでにジットリと描く。被害者の乳首が露出しているのもインパクトが強い。「レベッカ」（1940年）、「裏窓」（1954

年）、「めまい」（1958年）のような上品さが好きだった私にとっては、ヒッチコックが隠し持った殺人嗜好・変態性がいよいよ露わになったようでショックであった。それにしても、キューブリック監督の「アイズ・ワイド・シャット」（1999年）といい、巨匠は晩年になると性的な映画に着手するイメージがあるのは気のせいだろうか。

　イギリスらしいブラックユーモアの度合いが全編にわたり強すぎるのも地味にメンタルをやられる。例えば、警部の奥さんが家で妙ちきりんな手料理を振る舞うシーン。こんなシチュエーションで殺人事件の話をするさまは確かにユーモラスだが、グロテスクな料理の数々と、それを無理矢理食べさせられるサディズムにはいささか辟易してしまった。思えば映画の冒頭、市長がポジティブな演説をする最中に絞殺遺体が川に浮き上がるシーンが既に皮肉たっぷりなのだが、ここで笑えるかどうかで本作の持つユーモアへの適性が判断できると思う。

　ジトジトした変態殺人鬼の佇まい、死体を弄ぶような中盤の見せ場、常にカタルシスのない展開、およそ救いがあるとはいえない結末……個人的には隠れた胸糞映画なのだが、一般的には《サスペンスとユーモアの冴え渡る傑作！》等とカラッと紹介されているので、感じ方は人それぞれである。ともあれ、ヒッチコックの演出がキレキレな秀作なのは間違いない。

映画史上に残る神業シーン

　本作には一箇所、映画史に残るレベルの圧巻の映像演出が存在する。それは殺人鬼と女性が、2人でアパートの中へと入ってゆくシーン。この場面を観た時、あまりに凄い映像表現に思わずため息が出てしまった。観客の想像力が主役となる、まさにサスペンスの神様の面目躍如の名シーン。こちらも注目である。

INFORMATION

『フレンジー（原題：Frenzy）』
■1972年製作／イギリス・アメリカ合作／116分
■監督：アルフレッド・ヒッチコック
■出演：ジョン・フィンチ、バリー・フォスター、アレック・マッコーエン、バーバラ・リー＝ハントほか
■日本初公開：1972年

25

胸糞映画界隈の隠れ横綱

バイオレンス・レイク

胸糞度 ★★★★★
絶望度 ★★★★★

地獄のような脱出系スリラー

湖にバカンスに来たカップルが、近くで騒いでいた不良少年たちを注意する。想像を絶する地獄が待ち受けているとも知らずに……。

ある程度このテの映画に耐性ができた上で観ても大ダメージを喰らう、知る人ぞ知るキングオブ絶望映画である。人里離れた助けを求められない森で、顕になってゆく人間たちの恐るべき凶暴性と、容赦無く繰り広げられる凶行……《唐突な襲撃からのエスケープ》という物語パターンは、あの伝説の鬱映画「ファニーゲーム」（P114）を思い起こさせるが、あちらが確信的に観客を嫌な気分にさせることを目的に作られていたのに対し、本作はよりリアルに加害者から逃げ切れない恐怖を描いており、さらに救いのない事象を見せつけられている印象がある。他愛もない中高校生のガキ達に、ズタボロにされてゆく展開は壮絶に腹立たしい。

高度な演出と芝居が融合

割と見るタイプの物語構造でありながら、本作が埋もれず心に残り続けるのは、その圧倒的な後味の悪さもさることながら、監督による演出と役者陣がしっかりハイレベルだからであろう。主人公サイドと、殺人集団と化した不良少年たちの会話のじりじりする迫力。そして脱出時の攻防におけるスピード感と恐怖で畳み掛けてくる映像・編集は相当に見応えがある。主演はこののち「シャーロック・ホームズ」「フライト」等でメインキャストを務めるケリー・ライリー。共演はなんと「プロメテウス」「悪の法則」で主演を、「X-MEN」でマグニートーを演じることになるマイケル・ファスベンダー。そのさすがとしか言いようがない迫真の演技は一見の価値がある。憎たらしい不良少年のリーダーを演じたジャック・オコンネルもサスペンス映画「マネー・モンスター」でメインキャストを務めるなど活躍している。

INFORMATION

『バイオレンス・レイク（原題：Eden Lake）』
■2008年製作／イギリス／88分
■監督・脚本：ジェームズ・ワトキンス
■出演：ケリー・ライリー、マイケル・ファスベンダー、ジャック・オコンネルほか
■日本初公開：未公開

閉鎖的な田舎社会の恐怖という テーマ

演出・演技もさることながら、本作はシナリオも中々の完成度である。軸としてしっかりと見えてくるのが《閉鎖的な田舎社会のおぞましさ》というテーマ。面白いのが、加害者側の不良少年たち6人が全く一枚岩ではないということだ。そのうちの3人くらいはカップル達を追い殺そうとする凶行に恐怖しており、もうこんなことやめようよというムードなのである。にもかかわらず不良のリーダーに「この村で生きていけなくしてやるからな」と脅され、凶行に加担することしかできない。特筆すべきは終盤の展開で、このムラ社会というものが孕む暴力性・異常性がいよいよメインプロットに出現してくる。この壮絶な展開が本作を本作たらしめているのだが、私は鑑賞後2日くらい食事が喉を通らなくなってしまった。考えてみたら、序盤から主人公が幼稚園の先生をしていたりと《教育の重要性》という伏線も張られていたわけだが、このあたりも物語にしっかり絡んでいる。つくづく、ただのスリラーに留まらないハイレベルなシナリオである。

88分という短尺の映画ながら、凄まじくスリリングで観た者の心に何かを残す本作。このまま消えてしまうのはあまりにも惜しく、どこかで配信が始まることを願っている。

Chapter 3

世間に一石を投じる映画

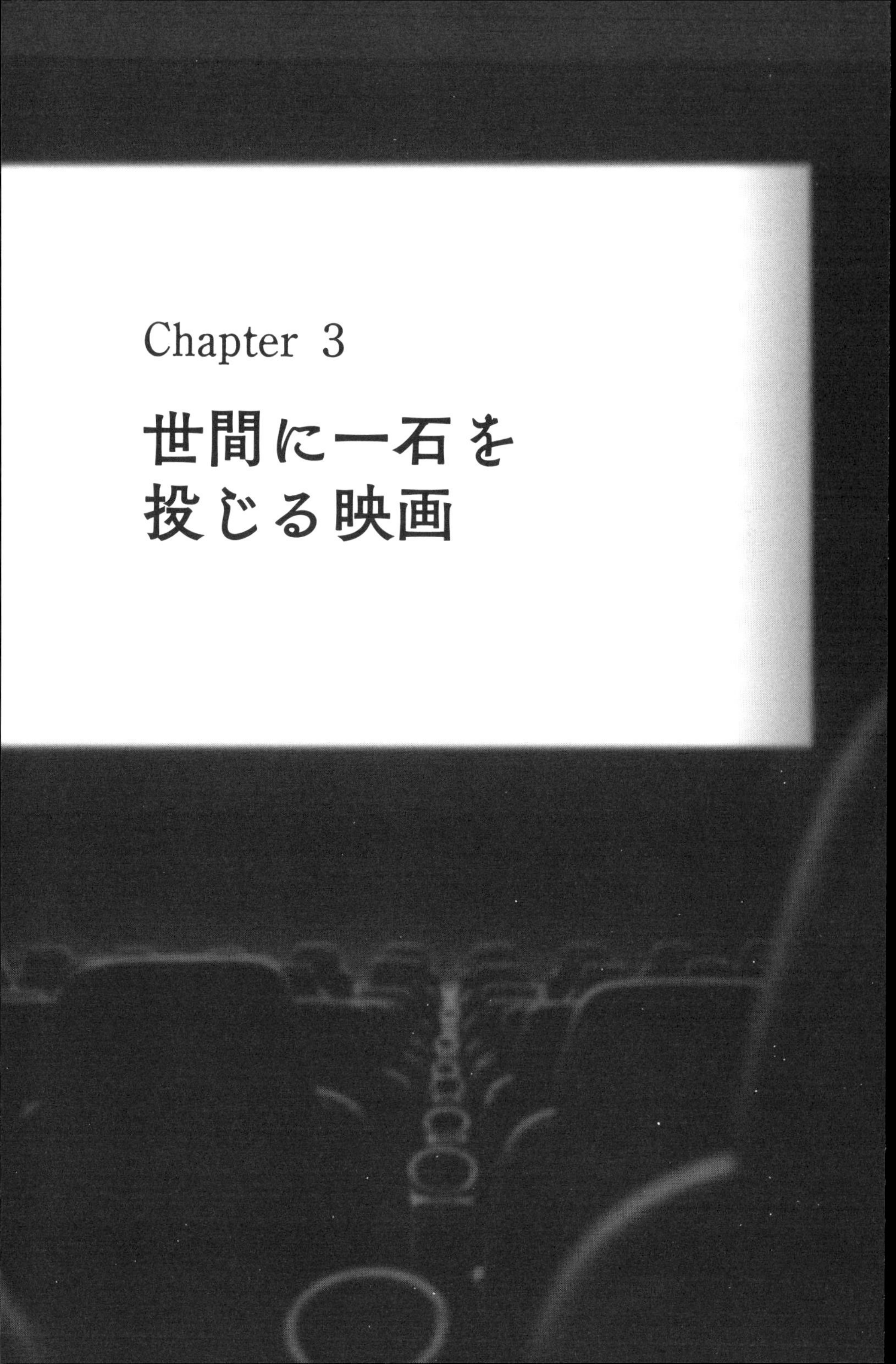

26

誰も知らない

育児放棄を描く是枝監督の代表作にして救いなき絶望映画

胸糞度 ★★★☆☆
絶望度 ★★★★★

ドキュメンタリータッチを極めた超絶演出

都内の2DKのアパートで大好きな母親（YOU）と暮らす4人の兄妹。しかし彼らの父親はみな別々で、出生届も出されず、学校にも通学できていなかった。そしてある日、母親は好きな人ができたと言い残して家出してしまう。完全に育児放棄状態に陥った子供たちの中で、長男：明（柳楽優弥）はなんとか皆で生きてゆこうとするが……。

「万引き家族」「怪物」「ベイビー・ブローカー」「そして、父になる」……いまや日本を代表する世界的な映画監督となった是枝裕和氏。1988年に発生した巣鴨子供置き去り事件をベースにした本作は、母親から見捨てられた子供たちが味わう絶望と行く末を容赦無く描き出し、氏が世界で飛躍する契機にもなった大傑作である。是枝氏が元々ドキュメンタリー番組のディレクターから映画監督に転向したというのは広く知られているところだが、その経験が最も高次元なレベルで反映された映画が本作なのではないだろうか。台本がない中、現場でのやり取りだけで即興で構築していったという子供達の行動は、もはや演技を超えた現実そのもの。そしてそのリアリティは目を背けたくなるほどの残酷さを生み出し、程度の差こそあれ、日本中でこのような育児放棄が起きていることを想像させて背筋を凍らせる。

誰も気に留めないという地獄

子供たち4人は一見自由に、毎日外で遊んだり家でゲームをしたりして過ごす。それでも部屋の中は散らかり、やがて汚部屋そのものに変貌してゆく。服や身体は汚れ、水道や電気は止められ、食料は底をついてゆく。主人公：明は明確に助けを求めることはせず、コンビニで知り合いになった店員に賞味期限切れの廃棄物を分けてもらったりするが、関わる大人が何人かいるにもかかわらず深く気に留める者はいない。街中には人が溢れているのに、すぐ近くを歩く彼らの窮状を知ろうとする者がいないのだ。タイトルにもある「誰も知らない」というワードが、映画が進むに連れて観客の眼前に突きつけられてくるこの絶望感は相当なものである。そして映画は後半になり、遂に取り返しのつかない事態を迎える。その果てにあるラストカットの残酷さには言葉を失い、圧倒的な余韻にただ打ちひしがれるしかなかった。

カンヌでも賞に輝いた傑作

本作で主演を務めた柳楽優弥は、弱冠14歳でカンヌ国際映画祭の最優秀主演男優賞を受賞した。当時審査員長だったタランティーノは「毎日多くの映画を見たが、最後まで印象に残ったのは彼の顔だった」とコメントを残しており、まさに是枝監督のキャスティングへの嗅覚と的確な演出の賜物でもあるだろう。柳楽氏がその後紆余曲折ありながら、現在も日本の映画・ドラマの第一線で活躍し、その絶賛された顔面力を活かして数多くの名作に出演し続けているのも嬉しいところである。

ちなみに本作がカンヌで上映された際、エンドロールで《母親役ＹＯＵ》と出たがために、観客は「我々もあの母親のような行動に走る残酷さを秘めているというメッセージか……」と戦慄する羽目になったらしい。

INFORMATION

『誰も知らない』
■2004年製作／日本／141分
■監督・脚本：是枝裕和
■出演：柳楽優弥、北浦愛、木村飛影、清水萌々子、韓英恵、YOUほか
■公開日：2004年8月7日

27

ホテル・ムンバイ

テロリスト占拠系の傑作にしてハイパー鬱映画

胸糞度 ★★★☆☆
絶望度 ★★☆☆☆

あまりにもハードモード過ぎる立てこもり

２００８年にインドの都市・ムンバイで起きた同時多発テロ事件の実話をベースにしたスリラー映画。駅や市街地なども含め１５０人以上の死者を出したこのテロにおいて、テロリストの一部は市内の五つ星ホテルであるタージマハル・ホテルを占拠した。圧倒的な恐怖のなかで従業員たちはホテルに残り、逃げ遅れた滞在客をなんとか救おうとするが……。

このあらすじから、「ダイハード」のように銃を持ったテロリストたちに人質に取られている滞在客たち、という絵面を想像した観客も多かったと思うのだが、本作が凄まじいのはそうはならないところ。というのも、テロリストたちに躊躇いが一切なく、人質を取る以前にホテル内で視界に入った客を片っ端から撃ち殺してゆくのである。一人でも多く殺戮することだけが目的という、このイスラム過激派のリアルを真正面から描き切った容赦のなさがまずもってこの映画の凄い部分なのだが、テロリストに見つかる＝死というのは、あまりにも一般人にとってハードモードである。地元警察もあてにならない中、ホテル内で滞在客が何の抵抗もできず殺戮の嵐が吹き荒れる様に、観客はどんどんメンタルを病んでゆくことになる。どこかで予定調和的なエンタメ性を期待していた観客にとっては、生きた心地のしない地獄そのものである。

主要人物も容赦なく死んでゆく

壮絶な中盤までの展開を経て、ようやく事態が好転してゆくのかと思いきや、後半も引き続き地獄のような展開が待ち受けている。ついには割と描き込まれていたメインの登場人物もどんどん死んでゆくので、もはや一体どんな結末になるのか予想がつかなくなってくる。最後の最後まで、弾切れすることなくテロリストが銃を乱射し続ける様はもはやトラウマ。2時間以上にわたり、緊迫感を途切れさせず物語を展開しきる監督の手腕に脱帽である。

失うものが全くなく、殺戮だけを目的とした人間たちの襲撃というのはどんなに恐ろしいものなのか。そして彼らが拠り所にする《宗教》とは一体何なのか……そのテーマを描き切った意味でも後世に伝えるべき名作である本作。このような極限状態にもかかわらず、滞在客を救うべくホテル内に残り続けた実際の従業員たちの勇気には敬服するしかない。

INFORMATION

『ホテル・ムンバイ（原題：Hotel Mumbai）』
■ 2018年製作／オーストラリア・アメリカ・インド合作／123分／R15+
■監督：アンソニー・マラス
■出演：デーヴ・パテール、アーミー・ハマー、ナザニン・ボニアディほか
■日本初公開：2019年

【胸糞映画コラム】

「ホテル・ルワンダ」

テロリスト×ホテル系映画のもう一つの傑作といえば「ホテル・ルワンダ」（2004年）である。1994年、ルワンダ虐殺により、フツ族過激派がツチ族を100万人以上虐殺する状況の中、1200名以上の難民を自分のホテルに匿ったホテルマン：ポール・ルセサバギナの実話をベースにしたこの作品。彼は買収や賄賂などあの手この手を駆使して、一人でも多くの人間を救おうとする……。本作でドン・チードルはアカデミー主演男優賞にノミネートされ、その後「アベンジャーズ」に出演するなど世界的名優となった。こちらも相当に重たい映画だが、人間の残酷さと勇気を描き出した名作である。

28

岬の兄妹

貧困、障がい、売春というテーマに真っ向から挑んだ一本

胸糞度 ★★★☆☆
絶望度 ★★☆☆☆

社会の底辺で生きる人々を描いた傑作

とある地方の港町に住む、脚に障がいを持つ兄・良夫は自閉症の妹・真理子と2人暮らしをしていたが、ある日仕事をリストラされてしまう。貧困に喘ぐ良夫は、夜になっても帰ってこなかった真理子が町の男に体を許して1万円をもらっていたことを知る。激しい葛藤の末に、良夫は真理子に売春させて生計を立てようとするが……。

いまや日本を代表する映画監督となった片山慎三氏（「さがす」「ガンニバル」「そこにいた男」等）の出世作である本作は、社会の底辺を生きる2人の兄妹に焦点を当てた衝撃作である。

うまく歩くことができない兄と、知的障害を持つ妹。生活保護を受ける知識もなく、社会のセーフティネットからあぶれた彼らは、オンボロの家に住み、いよいよ食べる物にも困って売春に手を染めてゆく。慣れない交渉術で妹の売春の手引きをする兄、空腹のあまりティッシュを食べ始める妹、妹がヤクザに犯されているさまを目の前で見させられる兄、手に入れた1万円でマクドナルドを貪り食う2人……全編にわたる地獄のようなシーンのオンパレードには相当にメンタルをやられるが、それぞれの場面が忘れることのできない強いインパクトを持つ。

そして良夫は、真理子がセックスによって精神的な充足を得てい

るさまを感じ取り、さらに葛藤してゆく。倫理観、現実、兄としての感情、様々な要素が入り乱れて結末へとなだれこむ展開は見事であると同時に、どうしようもなさに暗澹たる気持ちになる。それにしても、人間の情け無さと可笑しさを体現した兄役：松浦祐也と、体当たりで知的障害を持つ妹を演じた和田光沙の演技は素晴らしいの一言である。

INFORMATION

『岬の兄妹』
■2018年製作／日本／89分／R15+
■監督・脚本：片山慎三
■出演：松浦祐也、和田光沙、北山雅康、中村祐太郎、岩谷健司ほか
■公開日：2019年3月1日

この世界のどこかで起きている物語

貧困、犯罪、暴力、障がい者のセックス……ふだん光の当たりにくい要素を真正面から描き切った本作は、結末も含めてほとんど救いはない。だがこれは社会のどこかで起きているリアルであり、どんな逆境に陥ってももがいて生きようとする人間には逞しさも覚える。監督の片山氏は、韓国のポン・ジュノ監督の下で助監督を務めた経験もあるのだが、ストレートな暴力描写、最底辺を生きる人間を掬い取るシナリオなど、韓国映画からの影響や凄味を確かに感じることができる。この作品の登場人物は、きっと今日もこの世界のどこかで生きている……そんな気持ちにさせられる、鑑賞後の余韻冷めやらぬ傑作である。

【胸糞映画コラム】
「殺人の追憶」「母なる証明」

ポン・ジュノ監督の傑作といえば「パラサイト 半地下の家族」と並んでよく挙げられるのがこの2本。どちらもシナリオ、役者、演出全てが最高レベルの作品なのだが、特に神懸かっているのはラストシーンの余韻。明らかにハッピーエンドとは程遠いラストなのだが、《後味が悪い》などという言葉では表現しきれない、心を震わされる圧倒的な幕切れがここにある。こうした作品に触れると、エンドロールが流れ出した瞬間のとんでもない興奮と虚脱感こそが、映画の大きな魅力の一つなのだと実感させられる。

29

トガニ 幼き瞳の告発

聴覚障害者学校での性的虐待を題材にした実話ベースの衝撃作

胸糞度★★★★☆
絶望度★★★☆☆

あまりにも壮絶な人間ドラマ

ある地方の聴覚障害者学校に職を得た新人教師イノ（コン・ユ）は、赴任当初から生徒達が何かに怯え、雰囲気がどこかおかしいことに気づく。やがて校長をはじめとした教師数名が生徒を虐待していることに気づいた彼は、地元の人権センターに勤める女性ユジン（チョン・ユミ）と共に子供達を救おうと奮闘するが……。

なんと辛く、やりきれない映画だろうか。2000～2005年にかけて光州のろうあ者福祉施設で行われた入所児童に対する性的虐待の実話をベースにした本作は、その惨たらしい事実と被害者となった子供たち、そして彼らを救おうとする者たちの人間ドラマを真正面から描いたド力作である。韓国映画といえば、バイオレンスも人間ドラマも全てを真っ向から描写することに世界的定評があるが、その凄味が最も効果的な形で映画に活きた傑作の一つかもしれない。容赦無く描かれる、中年男達による子供達へのレイプシーンの生々しい恐怖には絶句するのみ。被害を受けた少年少女たちの悔しさが、辛さが、憎しみが画面いっぱいに広がり、観客の心をグサグサと突き刺してくる。そして彼らの味方となる2人の大人の葛藤。「この子たちの手を離したら、僕は父親には戻れない」という台詞に震える。

腐った大人、そして腐った司法

それにしても、本作の加害者サイドの大人たちの憎たらしさは常軌を逸したレベルである。禿げたおでこが特徴的な校長とその双子の弟の厭らしい笑顔と凶行の数々。暴力を加えることに一切の抵抗がない男性教師。彼らは主人公たちの奮闘により裁判にかけられることとなるのだが、そこから地域ぐるみでの隠蔽が描かれ始めるのもこの作品の最悪な部分である。地方の有力者である加害者たちの息のかかった地域の人間たち、弁護士、裁判官……。まっとうな親を持たない社会的弱者の子供たちは、勇気を出して証言をしたにもかかわらず、まるで嘘つきのように扱われ追い詰められてゆく。田舎の《ムラ社会》の絶望をこれでもかと抉り出してくる展開にも思わず吐きそうになる。

INFORMATION

『トガニ　幼き瞳の告発（原題：Do-ga-ni）』
■2011 年製作／韓国／ 125 分／ R18+
■監督・脚本：ファン・ドンヒョク
■出演：コン・ユ、チョン・ユミ、キム・ヒョンス、チョン・インソ、ペク・スンファンほか
■日本初公開：2012 年

そのやりきれなさが韓国世論を動かした

本作は2011年に公開されるや否や、韓国全土で大ヒットとなり400万人以上を動員した。そして地域ぐるみで隠蔽されたこの事件は韓国中に知れ渡ることとなり、国民の間では加害者に対する非難の声が激化したという。これにより再捜査が実施され公正な裁判が開かれ、加害者はより重い刑に服することとなった。また本作の影響によって法改正も行われ、障がい者や13歳未満の者への性的虐待の厳罰化、そして公訴時効の廃止が決定した。この法律は通称「トガニ法」と呼ばれるという。

限りなく辛い映画でありながら、決して暗い一辺倒にならずしっかりとシナリオ上の見せ場を配置し、万人が観られるクオリティを担保した傑作である。本作の持つ計り知れぬパワーは観客の心を動かし、加害者への厳罰や法改正をも実現させた。それがこの作品の最大の救いである。将来、一人でも多くの子どもたちが笑顔で生きられることを祈っている。

30

デトロイト

黒人差別という地獄を描き出した絶望の実話

本年度アカデミー賞最有力！
『ハート・ロッカー』『ゼロ・ダーク・サーティ』を超える衝撃
キャスリン・ビグロー監督最高傑作。
DETROIT
デトロイト
1967年、米史上最大級の暴動勃発。
街が戦場と化すなかで起きた、戦慄の一夜。

胸糞度 ★★★★★
絶望度 ★★★★☆

実話ベースの壮絶な胸糞映画

1967年夏、デトロイト。黒人による暴動で街が戦場と化すなか、モーテルの中から拳銃の発砲音がし、狙撃されたと勘違いした白人警官たちはすぐさまモーテルを制圧する。だが何人かの警官が、モーテルの黒人宿泊客たちに不当な強制尋問を始めてしまう。銃器を所持した警官たちの密室での暴力行為は徐々に常軌を逸しはじめ、地獄のような一夜が幕を開ける……。

アカデミー賞監督：キャスリン・ビグローがメガホンを取った本作は、あまりに絶望的で悲惨な展開に卒倒間近にまで追い込まれる極限のスリラーである。様々な映画を観ていると、ごく稀に記憶から抹消したいレベルの超絶胸糞映画に遭遇することがあるが、この映画はまさにそれ。本作を映画館で鑑賞した際、まるで逃げ場のない密室の中、金棒でガンガンと頭を叩かれ続けているかのような感覚に陥り気絶しそうになった。暴力衝動の歯止めが利かなくなった白人警官たちが、圧倒的な優位性を誇示しながら警棒や銃器で罪のない黒人たちを蹂躙してゆく様は筆舌に尽くし難い。

圧倒的臨場感を演出しきった名匠の技

監督のキャスリン・ビグローは、女性でありながら男勝りなアクション・スリラー作品を連発してきた巨匠である。アメリカ軍の爆弾処理班を描いた「ハート・ロッカー」(2008年)でアカデミー監督賞を受賞し、ビン・ラディン暗殺までの実話を映画化した「ゼロ・ダーク・サーティ」(2012年)も高く評価された(ちなみにジェームズ・キャメロン監督の元妻でもある)。とにかく戦場のような世界を臨場感を持って描かせたら右に出る者がいない天才監督なのだが、その腕前は本作でも嫌になるほど発揮されている。街が戦場と化してゆく息を呑むようなスケール感。手持ちカメラを駆使し人間の醜さを切り取った撮影。ドキュメンタリーと見間違うような圧倒的なリアリティに心を鷲掴みにされるとともに、この悲劇が現実にあったことを想起させられ暗澹《あんたん》とした気持ちになる。

白人警官のリーダーを演じたウィル・ポールターの演技もえげつない。もう全人類を敵に回すようなレベルで憎たらしさが全開。彼の存在がこの作品にある残虐性、悲劇、絶望、その他あらゆるネガティブな感情を引き出したと言っても過言ではない。名演である。生きて家に帰れる黒人は一体何人なのか？　こんな非人道的な凶行に走った白人警官たちはちゃんと処罰されるのか？　最後まで心にどす黒いものが沈澱してゆく、人種差別という悪夢を真っ向から描き出した傑作である。

INFORMATION

『デトロイト(原題：Detroit)』
■2017年製作／アメリカ／142分
■監督：キャスリン・ビグロー
■出演：ジョン・ボイエガ、ウィル・ポールター、アルジー・スミス、ジェイコブ・ラティモアほか
■日本初公開：2018年

【胸糞映画コラム】
「ある戦慄」

実際のデトロイトでの事件が発生した1967年に製作された本作も、当時白人と黒人との間に起きていた人種間の生の緊張感が伝わってくる傑作である。ニューヨークの地下鉄の一車両に、突然ナイフを持ったチンピラ2人組が乗り込んでくる。図らずも暴力にさらされることになった乗客たちは、非常事態から次第に本性をあらわして互いを罵り、いがみ合ってゆく……という異色のスリラー作品。人種差別や格差社会などに紐づく、人間が心に秘めたネガティブな感情が爆発してゆく中々の胸糞映画なので、こちらもぜひチェックしてみてほしい。

31

日本映画史に残る鬱系暗黒青春群像劇

リリイ・シュシュのすべて

胸糞度 ★★★★☆
絶望度 ★★★☆☆

どこまでも救いのない青春模様

地方都市に住む中学2年生の雄一（市原隼人）は、クラスメイトの星野（忍成修吾）からいじめを受け、大ファンであるアーティスト・リリイ・シュシュの音楽に縋る。だが校内で巻き起こる暴力行為はエスカレートし、彼にとっての世界は地獄そのものへと変貌してゆく……。

岩井俊二監督が生み出した本作は、インターネット過渡期の2001年という時代を的確に反映しながら、青少年たちの鬱屈した青春を描いた邦画史に残る一本である。本作の持つテーマ性や映像表現は数えきれないほどのフォロワーを生み出し、私が大学で映画サークルに入った頃（2000年代中盤）は、周りの自主映画監督の相当数が逆光とクラシックピアノ音楽を駆使した青春映画制作に没頭していた程である。

それにしても、初見時の衝撃はとてもここには書き尽くせない。まさかここまでえげつないとは。ここまで救いが無いとは。作品内で巻き起こる苛烈ないじめ、援助交際、レイプ、自殺、殺人……。全てが同じ中学校内で巻き起こるという異常事態に、かつては単なる興味本位なエピソードの羅列に思えてしまい、受け入れることができなかった。だがそれは、私の通った学校が平和だっただけで、この世のどこかにはこうした地獄が存在するのも間違いない。本作はそんな悪夢のような世界で生きるしかない人間の絶望、ダークサイドに取り込まれてしまった少年の暴走、現実逃避のために音楽（芸術作品）に縋らざるをえない少年少女といった要素を多分に盛り込んでいる。それぞれが極端な形で描かれているものの、青春が伴う様々な痛みを表現した普遍的な作品なのである。

光と絶望のおぞましい対比

本作が凄まじく革新的なのは、救いの無い絶望的な要素を劇中に羅列しておきながら、それをどこまでも美しい映像で切り取った点にある。撮影監督は２００４年に52歳で逝去した邦画史に刻まれし天才カメラマン・篠田昇。彼が作り込んだ逆光表現を駆使した校内のシーン、果てしなく広がる田園の中で少年少女がヘッドフォンで音楽を聴き続ける伝説のカットは、永久に忘れられないような極めて強く美しい印象を残す。こうした綺麗な映像の中で、青少年独特の残虐性が渦巻くストーリーが展開されるアンバランスさは空前絶後で、その気持ち悪さが観客の心に大ダメージを与えてくる。

美と絶望の融合という点では、劇中で流れるピアノ音楽も同様である。特に久野（伊藤歩）が壮絶なレイプを受けるシーンは、そこにドビュッシーの美しいピアノ音楽が流れるという鬼畜振りで、あまりの残酷さに吐き気を催す。しかしながら、こうした光（一瞬の煌めき）と、その瑞々しさをどう活かせば良いか分からない若者の暴走（絶望）という要素は遠いようで意外と近くにあるのかもしれない。刹那というものを感覚的に表現した稀有な作品といえるのではないだろうか。私はもう二度とドビュッシーを普通に聴けない身体になってしまったが……。

どんな青春を過ごしているか。過ごしてきたか。その体験次第で受け取り方が大きく変わるであろう、賛否両論を巻き起こし続ける時代を超えた一本である。

INFORMATION

『リリイ・シュシュのすべて』
■2001年製作／日本／146分
■監督・原作・脚本：岩井俊二
■出演：市原隼人、忍成修吾、蒼井優、伊藤歩、大沢たかお、稲森いずみ、市川実和子ほか
■公開日：2001年10月6日

32

葛城事件

全シーンが修羅場の地獄ホームドラマ

胸糞度 ★★★★☆
絶望度 ★★★☆☆

家族という絶望

葛城清（三浦友和）は、父親から受け継いだ金物屋を切り盛りし、マイホームを購入して妻の伸子、長男の保、次男の稔と理想的な家庭を築いてきた自負があった。しかしある日、21歳になった次男が突然8人を殺傷する無差別通り魔殺人を起こしてしまう……。

これまでに古今東西、様々なホームドラマが作られてきたが、本作ほど地獄のようなホームドラマがあっただろうか。高圧的で横暴な父親、精神崩壊目前の母親、会社をクビになったことを言い出せない長男、引きこもりで将来に希望の持てない次男……。一切の思いやりもなく、完全に機能不全となったこの家庭で巻き起こる会話劇のいたたまれなさといったらない。この既に《終わっている》状態から、次男が通り魔殺人という凶行に走るまでに何があったのか。本作ではその惨状が丹念に描かれてゆく。全シーンが修羅場であるかのようなおぞましさにも関わらず、画面から目を離すことができない。それは間違いなく監督の的確な演出と力強いシナリオ、そして俳優陣の驚異的な演技力の賜物である。

5人の実力派俳優による戦慄の演技合戦

まず高圧的な父親を演じた三浦友和の怪演から目が離せない。いわゆる「昭和の頑固オヤジ」を極限まで煮詰めたような、自己中心的で横暴な言動の数々。たった2時間で充分に気を滅入らせてくる本作での佇まいは、こんな環境下に数十年置かれざるをえなかった人間たちの胸中をも想像させるには充分で、その絶望感にうすら寒くなる。そんな夫の支配下に置かれ、もはや完全にノイローゼとなっている母親を演じた南果歩の演技もえげつない。どこか虚ろな目と明らかに常軌を逸した言動は発狂しかけた人間そのもの。この方はこういう精神病質的な芝居をさせたら右に出る者のいない物凄い女優である。数ヶ月も前に会社をリストラされている長男を演じた新井浩文の演技からも目が離せない。本作は舞台の映像化なのだが、実は初演時に次男を演じたのが新井本人なのである。この戯曲への圧倒的な理解度をもって、今回の役作りに取り掛かったのは想像に難くない。そして通り魔殺人を起こす次男役を演じたのが、当時まだ無名だった若葉竜也。その濁りきった瞳から繰り出されるネガティブな芝居も圧巻である。そしてそんな次男に獄中結婚を持ちかけてくる女性役に田中麗奈。何かが欠落しているそのキャラクターも異質で、終盤の三浦友和との対決シーンには思わず見入ってしまう迫力がある。

それにしても、中盤に描かれる通り魔事件のシーンの異常なリアルさには心底参った。人で賑わう広い地下道、次男が持つ大きな刃物によって次々と人が刺し殺されてゆくのだが、周囲の人間はすぐに状況を掴むことができず、少しタイムラグがあって絶叫が広がってゆき、阿鼻叫喚の地獄絵図が展開されてゆく。過去に日本で起きた重大な通り魔事件も、こんな感じだったのかと悲壮を感じずにはいられない。

明らかにハッピーエンドとは対極の映画だが、人間の持つネガティブな側面を真っ向から描いたエネルギーに満ちた一本。この圧倒的な負の演技バトルを体験してほしい。

INFORMATION

『葛城事件』
■2016年製作／日本／120分／PG12
■監督・脚本：赤堀雅秋
■出演：三浦友和、南果歩、新井浩文、若葉竜也、田中麗奈ほか
■公開日：2016年6月18日

33

《格差による断絶》と《国家権力》がWで襲いかかる地獄映画

ニューオーダー

胸糞度 ★★★★☆
絶望度 ★★★★☆

人間が信じられなくなる

華やかな結婚パーティ。裕福な家庭に生まれ育ったマリアンにとって、その日は人生最良の一日になるはずだった。しかし彼女の近所で、広がり続ける貧富の格差に怒り狂った民衆が暴徒化。やがて彼らがマリアンの家にも押し寄せたことから、パーティは殺戮と略奪の地獄のような惨状へと突入する……。

経済格差が引き起こす社会秩序の崩壊を描いた本作は、そのあまりにも無慈悲なリアリティが評価され、ヴェネチア国際映画祭で審査員大賞を受賞した問題作である。警察や司法機関が機能しなくなった国において、どこまで人間は凶暴になれるものなのか。タガが外れた暴徒達による略奪、誘拐、殺人。人々がまるで虫ケラのように殺されてゆく惨状に目を覆いたくなる。主人公が常に他人を思いやることができる良い人間であることも、胸糞度を上げている。そんな彼女がただ逃げることしかできず、非人間的な扱いを受けてゆくさまに、このような状況下において倫理というものが何の役にも立たないことを否が応にも思い知らされてしまう。

どこまでも冷徹な演出

本作が極めて異質なのは、こうした残虐な事態を描いているにもかかわらず、何の熱量もなくただただ事象を追い続けるその淡々とした演出にある。主人公の心情に肩入れすることもなく、凝ったカメラワークや絵作りを駆使するわけでもなく、ただ発生している地獄絵図を映し続ける。この徹底ぶりは本書籍で紹介している作品の中でも特筆すべきもので、そのあまりに冷え切った制作者側の温度が怖くなってくるほどである。エンタメという要素を排除して、社会と人間のリアルな闇深さを観客に見せつけてくる鬼畜の作品だ。

INFORMATION

『ニューオーダー
（原題：Nuevo Orden）』
■2020年製作／メキシコ・フランス合作／86分／PG12
■監督・脚本：ミシェル・フランコ
■出演：ネイアン・ゴンザレス・ノルビンド、ディエゴ・ボニータほか
■日本初公開：2022年

本作のミソは、中盤までこそ暴徒化した庶民のおぞましさを描いているが、次第に恐怖の対象が国家権力へとシームレスに移行してゆく部分である。そしてここに来ていよいよ、この冷徹極まりない演出が最大限に効果を発揮し始めるのだ。権力を誇示し、自らの欲望のために他人を殺すことを厭わなくなる人間たち。さらには暴動を鎮圧し《新秩序》を作り上げるために暴走を始める国家というモンスター。およそ人間の体温を感じない演出で描くからこそ、終盤には一体誰の意図で人が死んでゆくのか訳の分からなくなるような恐怖を体験できる。

社会秩序が崩壊した国において、個人という存在はどこまで適当に扱われてしまうものなのか。格差社会という現代的なテーマを軸に、あまりに無慈悲かつ理不尽な展開が観客の心に残り続ける暗黒の一本である。

【胸糞映画コラム】

「合衆国最後の日」

《暴走する国家というモンスター》といえば、1977年公開のこちらの映画も凄い。核ミサイルの発射基地を乗っ取ったテロリスト集団と、合衆国大統領ら権力側の人間との対決を描いた作品なのだが、ラストはショッキング過ぎて腰を抜かすような展開になる。この時期の映画には、冷戦やベトナム戦争への不信感からか「カプリコン・1」「カサンドラ・クロス」など国家権力の横暴を描いた名作スリラーが多数あるので、ぜひ注目してほしい。

34

ザ・トライブ

前代未聞、全編手話のみの暗黒映画

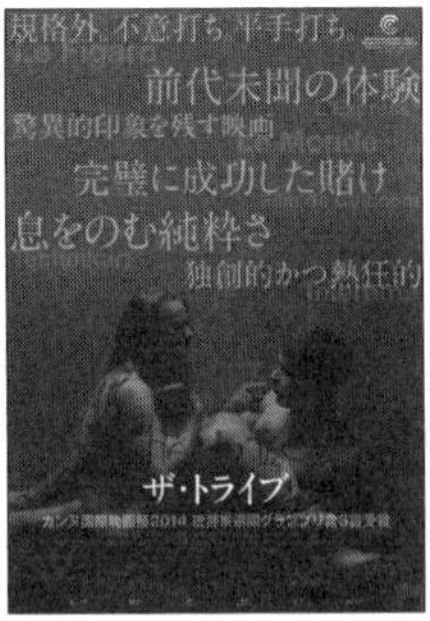

胸糞度 ★★★★☆
絶望度 ★★★★☆

耳が聞こえないという苦難

ろうあ者が在籍するウクライナの寄宿学校。そこでは《トライブ》と呼ばれる犯罪者集団が幅をきかせていた。転校生のセルゲイは入学早々酷いイジメに遭うが、次第にグループの指示に従って窃盗、売春の斡旋などの犯罪行為に染まってゆく。だがリーダーの愛人と恋に落ちてしまった彼は、想像を絶する苛烈なトラブルに巻き込まれてゆく……。

冒頭に出る「この映画の言語は手話である　字幕や吹き替えは存在しない」というテロップにまず衝撃を受ける本作。登場人物に言葉を話すことのできる人間が存在せず、多人数が入り乱れ盛んに手話で喋るさまは、他の映画では見た覚えのない印象的な光景である。その手話に字幕はつかない訳だが、登場人物たちが何を思っているのかしっかりと伝わってくるのだから凄い。なんと本作のキャストは、脇役に至るまで全員に本物のろうあ者をキャスティングしているという。その圧倒的なリアリティと強い感情の乗った手話は必見である。

だが本作がそれだけに留まらないのは、耳が聞こえないという苦難を突き詰めて、人の道を外した者たちの末路を容赦無く描き切ったことにあるだろう。聴覚障害をテーマにした映画といえば「奇跡の人」（1962年）「コーダ あいのうた」（2021年）など、主人公がハンディキャップにめげず頑張ったり、人と人との繋がりを描いた作品が思い浮かぶが、本作にはそうした希望が一切無い。この作品にあるのは、暴力とセックス、裏切りと猜疑心に満ちた人間関係、どこまでも寒々とした冬のウクライナの風景、そして絶望的すぎる結末である。まるでこれが聴覚障害者のある種のリアルだと突きつけられているようである。

INFORMATION

『ザ・トライブ
（原題：Plemya）』
■2014年製作／ウクライナ／132分／R18+
■監督・脚本：ミロスラブ・スラボシュピツキー
■出演：グリゴリー・フェセンコ、ヤナ・ノビコバほか
■日本初公開：2015年

直視できない2つの残酷シーン

本作の不良グループは、生きるためにあらゆる悪事に手を染めてゆく。年少者への恐喝、通行人への強盗、列車内での置引き、売春の手引き……金になることなら躊躇わず手を出す少年たちの姿は、彼らの気持ちが本当の意味で理解できない筆者にとっては非常にもどかしく、暗澹たる気持ちにさせられる。また中盤の、不良グループの1人が見張り中に、車のバック音に気づかず轢き殺されてしまうくだり。まるでリアルに実際にある悲劇を目撃したようで忘れられないシーンである。ワンシーンワンカットを徹底した、監督の感情移入を拒むような冷ややかな演出も効いている。

しかもこうした鬱要素に留まらず、本作の後半には2つの壮絶な残酷シーンが存在する。詳しくは言及を控えるが、あの少女の声にならない絶叫、そして戦慄のラストシーンは直視ができなかった。本作がR-18+指定であることに、途中までは何故？　と思っていたが、終わってみると確かにこの映画はR-18+指定以外にあり得ないと思わされる。

殺伐とした空気感が流れ続ける21世紀のサイレント映画にして、とてつもなく後味の悪い超絶鬱映画。カンヌ映画祭では批評家達を震撼させ、批評家週間グランプリを受賞した国際的な評価を受ける一本でもある。ぜひ体調が良い時にチャレンジしてもらいたい。

35

子宮に沈める

2010年に起きた育児放棄死亡事件に着想を得た極限の鬱映画

子宮に沈める
「大阪2児放置死事件」を基に
家庭という密室の悲劇を描いた衝撃作!!

胸糞度★★★★★
絶望度★★★★★

直視不可能な残酷さ

娘の幸、息子の蒼空。まだ幼い2児の母親である由希子は、ある日夫から一方的に別れを突きつけられシングルマザーになる。やがて生活に余裕がなくなり水商売を始めた彼女は、ある時から一切家に帰らなくなる。残された幸は、冷蔵庫に残されていた物で飢えをしのぐ。いつまでも母親の帰宅を信じて懸命に蒼空の世話をするが、日時の経過と共に部屋中に蝿や蛆がわきはじめ……。

母親がマンションの一室に幼い子供2人を置き去りにし、ガムテープで扉を塞いだ状態で餓死させた実際の事件をベースにした映画である。この本を執筆するにあたって真っ先に思い浮かんだ作品の一つだったが、それでも本作にだけは触れたくなかったし、思い出したくなかった。それ程までに辛く、哀しく、救いの無い絶望の一本である。

母親が帰らなくなった後の部屋の中の惨状はもはや見るに堪えない。純粋無垢な女児が「ママ〜」と母親を探し回り、ゴミ箱を漁り、マヨネーズなど口に入りそうな物で空腹を満たそうとする姿……何日間も外に出ることもできず衰弱してゆく2人の子供の様子を見て、そのあまりにも辛い映像に言葉も出なくなる。これは育児放棄などではない、残虐極まりない殺人である。95分の比較的短い映画にもかかわらず、まるで永遠に続く地獄のような鑑賞体験に思わず嘔吐しそうになる。

確実に社会的意義のある映画

監督の緒方貴臣氏の演出は、ミヒャエル・ハネケ監督（「ファニーゲーム」等）からの影響が顕著で、その無味乾燥でまるで監視カメラを繋ぎ合わせたかのような撮影が、本作の持つ残忍な生々しさに抜群の効果を生み出している。

その一方で、実際にあった事件に脚色・演出を施している部分にチグハグ感を覚えるのは私だけだろうか。例えば終盤にかぎ針を使った痛々しい長回し場面があるが、個人的には映画祭で賞を獲りたいという願望に根ざした監督の演出的欲求が先に見えてしまって、物語の必然性として腑に落ちるものではなかった。また母親のキャラクター造形も、実際の事件を起こした同情の余地もなく酷い母親から脚色し、良き母であろうとするあまりそのプレッシャーに追い詰められて変貌してゆくキャラクター像にしているが、良識のあった人間がここまで残虐な殺人に走るか？　フィクションを無理矢理ノンフィクションに当て嵌めようとしていないか？　という疑問が拭えなかった。

様々なことを考え続けてしまうのも、本作で起こる事象があまりにも酷く、その悲惨さを目撃して悔しさと怒りに押し潰されそうになるからに他ならない。本作は児童虐待防止をとなえる《オレンジリボン運動》の推薦映画にも認定され、劇場公開を終えた後もクチコミで話題を広げ続けている。この作品がきっかけとなり、観客が幼児虐待について考えることで、少なからず救われている子供もいるはずだ。となれば、本作にはやはり大きな存在価値があるのである。

ちなみに実際にあった育児放棄死事件の顛末は、映画よりもさらに残酷で聞くに堪えないものである。何があっても絶対に検索しないことをお勧めする。

INFORMATION

『子宮に沈める』
■2013年製作／日本／95分
■監督・脚本：緒方貴臣
■出演：伊澤恵美子、土屋希乃、土屋瑛輝、辰巳蒼生、仁科百華、田中稔彦ほか
■公開日：2013年11月9日

Chapter 4

胸糞の悪さを突き詰めた映画

36

ドラッグによるハイスピードの恐怖と絶望

レクイエム・フォー・ドリーム

胸糞度★★★★☆
絶望度★★★★★

史上最強の薬物防止啓蒙映画

ドラッグに溺れて破滅してゆく4人の人間の姿……その直視不可能な変貌ぶりと、極限の後味の悪さが映画史に刻まれている唯一無二の傑作スリラー。その凄まじさは2009年にイギリス・エンパイア誌が選出した『落ち込む映画トップ10』で1位を獲得するなど折り紙付きである。

見るも無惨な登場人物たち4人の姿が印象的な本作だが、その中にあって特にえげつないのはお婆ちゃんのエピソードだろう。孤独な老人である彼女は、息子とテレビに出ることを夢見てダイエット薬として覚醒剤に手を出すのだが、次第に中毒症状が出始め、幻覚や妄想に悩まされて自我が崩壊する。演じたのは「エクソシスト」などに出演した名優：エレン・バースティン。眼を血走らせ、髪をボサボサの白髪にしながら廃人となってゆくその演技は壮絶の一言であり、この年のアカデミー主演女優賞にもノミネートされている。

4人のうちの1人を、ジェニファー・コネリー（「トップガン マーヴェリック」のヒロイン）が演じているのもポイントが高い。ドラッグ欲しさに狂い、資金を手に入れるために売春から抜け出せなくなる若い女性という役どころだが、その身体を張った凄まじい演技に唖然とする。のちにハリウッドを代表する女優の一人になるのも頷ける力演である。

鬼才、D・アロノフスキーの神業的演出

監督は「ブラック・スワン」「ザ・ホエール」「マザー！」の鬼才ダーレン・アロノフスキー。寡作ながら、作品を発表するたびに映画ファンの間で話題を席巻するという、まさに現在の映画界で人類トップレベルの天才である。その商業2作品目が本作なのだが、映像演出に関しては本作がキャリアハイといえるのではないだろうか。とにかく映像・編集・音響効果の3点がまるで濁流の如き凄さなのである。この3要素が相乗効果を得て、薬物依存の中毒性が感覚的に表現され、観客にまさに薬物中毒になったかのような錯覚を与えてくる。特筆すべきはラスト15分、登場人物4人の末路が壮絶なシーンバックで表現されるくだりがあるのだが、クロノス・カルテットの最悪な音楽も含めて、それぞれの人生が終焉に向かう様がとんでもないテンションで表現される。こんな映画は他にどこにも無い。

　更に素晴らしいのは、ヒューマンドラマとして引き込ませるパートもしっかり存在することである。特に中盤、前述した薬物中毒のお婆ちゃんの元に息子がやってきて、「薬はもう飲むな」と忠告するシーン。非常にオーソドックスなカット割りで10分弱の芝居を見せるのだが、このシーンは親子の人間ドラマとしてとても切なく見応えのある仕上がりで、胸を引き裂かれそうになる。スピーディーな映像だけでなく、こうした緩急をつけた演出と物語展開が本作を名作たらしめているのだろう。

「薬物ダメ、ゼッタイ」をそのまま体現したかのような、全く救いのない史上最強の薬物防止啓蒙映画である本作。全国の学校で見せるよう義務付けたら、国内の薬物被害も目に見えて少なくなるのではないだろうか……。

INFORMATION

『レクイエム・フォー・ドリーム（原題：Requiem for a Dream）』
■2000年製作／アメリカ／102分
■監督：ダーレン・アロノフスキー
■出演：ジャレッド・レト、エレン・バースティン、ジェニファー・コネリーほか
■日本初公開：2001年

37

愚行録

あくまでもリアルに、人間の愚かさと生々しさを描き切った鬱映画

胸糞度 ★★★★☆
絶望度 ★★★☆☆

リアルに徹した胸糞悪さ

とある住宅地でエリートサラリーマン一家3人が惨殺された。記者の田中（妻夫木聡）がその事件の真相を追いかけるが、次第に見えてきたのは、理想的な夫婦と思われた被害者2人と彼らを取り巻く人々の恐ろしい本性だった……。

嫌な気分になる映画は数あれど、ここまでリアルに、人間の愚かさと生々しさを描ききった映画はなかなか存在しない。とにかく事件の中核と周囲にいる人々が見せる負の側面や愚かしさがえげつなく、次第にそれが主人公サイドも含めた全員であることが分かり、話が進むごとにどんどん気が滅入ってゆく。しかもそれがヴィラン的なものではなく、あくまでも我々の延長線上にある浅ましさや小賢しさ、マウントの取り合いだからタチが悪い。後半は女性の性搾取や幼児虐待といった救いのない要素までもが絡み出し、時々現れるおぞましい映像表現もあって、どんどん逃げ場の無い感覚に陥ってゆく。

原作者の貫井徳郎は「乱反射」「灰色の虹」「微笑む人」「慟哭」など鬱々しいミステリーというジャンルにおいて右に出る者はいない凄腕作家だが、その中でも極めて見事に映像化がなされた作品ではないだろうか。日本人ならばなおさら、その人物描写をよりリアルに感じるに違いない。

もはや今では集結不可能な豪華キャスト

この様にしっかり嫌な気持ちをさせてくれるのも、主要なキャラクターを演じている俳優陣が全員恐ろしく達者で、そのシナリオの解釈力が的確極まりないからであろう。主演の妻夫木聡。2番手の満島ひかり。脇を固める小出恵介、臼田あさ美、市川由衣。ベテランの濱田マリ、平田満。そしてこの作品ののちにブレイクを果たす中村倫也、松本若菜、松本まりか、眞島秀和……まさに上手い人しかいないという印象の凄まじい豪華メンバー。盤石の俳優陣が見せる演技は、《芝居合戦》というべき見応えあるもので、嫌な気持ちになりながらもそれぞれのシーンから目が離せなくなる。特に小出恵介演じるキャラクターが見せる、女性にモテるエリート大学生のおぞましいほどの醜悪さには胸糞を通り越して感心してしまった。個人的に本作のベストアクトを敢えて挙げるとしたら彼である。

INFORMATION

『愚行録』
■2017年製作/日本/120分
■監督：石川慶
■脚本：向井康介
■出演：妻夫木聡、満島ひかり、小出恵介、臼田あさ美、市川由衣、中村倫也、眞島秀和、濱田マリ、平田満ほか
■公開日：2017年2月18日

今や日本を代表する名匠・石川慶監督による的確な演出

監督の石川慶は、こののち2019年に「蜜蜂と遠雷」を監督し、2022年には「ある男」で日本アカデミー賞最優秀監督賞を受賞。名実ともに日本を代表する監督となった。その的確で観客を引き込んでゆくような演出は本作でも充分に発揮されており、時に刃物のような鋭さにゾッとさせられる。特に冒頭と結末にあるバスの中での長回しは、邦画史上に残るレベルの超絶技巧。まさに《愚かしい人間たち》というこのタイトルを体現した、天才的な映像表現に鳥肌が立つ映画ファン必見レベルの名シーンである。

原作者自身が「最悪な読後感を目指した」と語っているこの作品。その映像化として限りなくハイレベルな、邦画史に残る後味の悪い映画の一つである。

38

屋敷女

失神レベルの残虐描写に戦慄するスプラッター・スリラー

胸糞度★★★★☆
絶望度★★★★☆

血みどろの殺し合いの嵐

妊娠中に交通事故で夫を亡くしたサラ。出産を間近に控えた彼女は、クリスマスイブの日に一人退院する。だがその夜、彼女の家に凶暴極まりない狂った女が侵入してくる……。

R‐18指定確実、究極エグ映画の名に恥じないスプラッター・スリラーである。突然自宅を襲撃してきた狂人によって、主人公が追い詰められてゆく系統の映画は《ホーム・インベージョンもの》と呼ばれ、その安全なはずの場所を蹂躙されてゆく理不尽さから胸糞極まりない映画が多い。「ファニーゲーム」あたりがその代表格だが、本作も人を殺すことに容赦皆無の侵入者のキャラクターが凄まじく、その殺意の塊のような凶行の数々に卒倒しそうになる衝撃作である。ハサミで相手の唇を引き裂いたり、銃殺で顔面が破裂したり、火炎放射で炎上したりという衝撃映像のオンパレードに観客はただ慄くことしかできない。

序盤は不審な女が家に近づいてくる恐怖をじりじりと描き、開始30分の時点から血みどろの惨劇が始まる。そこから83分に映画が終了するまで、家の中の洗面所に鍵をかけて立てこもる主人公と、突破しようとする殺人者、そして異常に気づきやってきた家族や警官たちを絡めた三つ巴の展開が続く。この攻撃守備が常に入れ替わるスリルは相当なものであり、ハイレベルな演出、凄惨な描写が見事に融合していることもあって、限りなく胸糞ながら思わず見入ってしまうパワーがある。間一髪逃げきれない／殺しきれないというという極限の攻防が凄いのだ。ほぼ家の中のみという限定空間の中で、これだけ目を離させないのは、主演2人の壮絶な演技と監督の見事な演出の賜物である。

限界を超えた凄惨描写

……が、本作を伝説にまで引き上げたのは、やはりクライマックスの限界を超えた超絶ゴア描写の存在が限りなく大きい。このシーンのグロテスクさは映画史に残るレベルで、日本の映倫が「審査拒否」とR-18指定すら拒んだというとんでもないシーンである。そんな場面を経て迎えるラストの鑑賞後感の悪さといったらない。ちなみに2021年には、このシーンのボカシを取った《屋敷女 ノーカット完全版》が公開されたのだが、永久に取らなくて良いです……と思ったのは私だけではあるまい。

スリリングすぎる展開と極限の残酷描写によって、スプラッター・スリラー映画の決定版的作品にまで到達した本作。興味があれば、ぜひ一度鑑賞してみてはいかがだろうか。ただし、妊娠中の方だけは絶対に観ては駄目である。

INFORMATION

『屋敷女
（原題：A L'interieur）』
■2007年製作／フランス／83分／R18+
■監督：ジュリアン・モーリー，アレクサンドル・バスティロ
■出演：ベアトリス・ダル、アリソン・パラディ、ナタリー・ルーセルほか
■日本初公開：2008年

【胸糞映画コラム】

「ハイテンション」

フランスのスプラッター・ホラー界隈で伝説と化した映画といえば「マーターズ」「屋敷女」と共に名前が挙がるのが本作である。帽子を被ったおじさん殺人鬼から若い女性が逃げ続ける物語だが、こちらもゴア描写の数々に加え、尋常ではない緊迫感が持続するので吐きそうになる。ちなみに本作の監督：アレクサンドル・アジャが、こののちアメリカに渡って撮ったホラー映画「ヒルズ・ハブ・アイズ」は、フレンチホラーらしい容赦のなさと、ハリウッド的なエンタメホラーが融合した傑作なのでこちらもぜひチェックしてほしい。

39

イレイザーヘッド

カルト映画の巨匠デヴィッド・リンチによる理解不能の悪夢映画

胸糞度 ★★★☆☆
絶望度 ★★★☆☆

延々と続く奇形の悪夢

消しゴム頭の髪型をした男ヘンリーは、女友達から妊娠したことを告げられ、やむなく結婚を決意する。だが生まれてきたのは、ヒナ鳥のような奇形の赤ん坊だった。延々と奇形児の泣き声が響く中、狭く暗いアパートでヘンリーはその世話をしようとするが、徐々に彼は心を病み精神を崩壊させてゆく……。

不条理な作劇と難解な作風で、映画ファンの心を掴み続けるカルト映画（大衆受けはしないが一部の熱狂的ファンを生み出す映画）の巨匠：デヴィッド・リンチ。「マルホランド・ドライブ」（２００１年）「ブルー・ベルベット」（１９８６年）「エレファント・マン」（１９８０年）あたりが彼の代表作ということになるのだろうが、デビュー作となる本作も相当にとんでもない作品だ。彼のフィルモグラフィーの中でも極端に尖っており、その容赦のない悪夢感と不快感が観客の精神を侵食してゆく極限のカルト映画である。もはやあらすじなどはあって無いような物で、中盤以降はひたすらに主人公の男が体感する悪夢的な映像を見せられることになる。頬の両側を腫れ上がらせて踊る奇形の女、丸くゴツゴツした惑星のような大岩、延々と続く轟音のような音響、心臓や臓器を剥き出しにして泣き続ける奇形児……脈絡のない異常なイメージの羅列は唯一無二であり、全く救われないその物語展開とともに、夜中に一人で見たら頭がどうにかなってしまいそうなインパクトがある。

意味不明すぎてバズる

ストーリーとビジュアルが異常極まりないのと、奇形乳児を描くという倫理的なまずさからか、本作は公開当初批評誌のほとんどが酷評し、劇場上映でも最初はほとんど客が入らなかったらしい。だがそれでも観る者に強烈なインパクトを与えることに成功し、口コミでレイトショーが広がり、その難解さからリピーターも増え、一部の観客の熱狂的支持を受けるに至ったという。公開から50年近くが経過した現在では、もはや闇系カルト・ムービーの最高峰として独自の立ち位置を確保しているので、監督の作家性が突き抜けた個性的な映画の強さを感じる。

筆者は本作を大学生の時に鑑賞したが、人間誰しもが持つ残虐性に取り込まれてしまった哀れな男を描いた作品のように思えて、不快感の中で感動してしまった。一見理解不能&意味不明に見える作品だが、感覚的に鑑賞することで何かを得ることのできる傑作なのかもしれない。

INFORMATION

『イレイザーヘッド
(原題：Eraserhead)』
■1976年製作／アメリカ／89分
■監督・脚本：デヴィッド・リンチ
■出演：ジャック・ナンス、シャーロット・スチュワート、アレン・ジョセフほか
■日本初公開：1981年

【胸糞映画コラム】
「ヴィデオドローム」

デヴィッド・リンチが映画のストーリー全体に悪夢感を漂わせてくる変態監督だとしたら、こちらの作品の監督：デヴィッド・クローネンバーグは、ストーリーの中に人体の変異に根ざした悪夢を突然ぶち込んでくる変態監督である。本作はリアルな殺人番組を観たテレビ局員が、様々な幻覚に苛まれて精神が崩壊してゆく話だが、まさにクローネンバーグ監督印１００％の生理的グロホラーだといえる。腹から取り出されるビデオ、重機に変質する腕、テレビに取り込まれグチャグチャになった人間……一生忘れられぬ戦慄のイメージのつるべ落としに鑑賞後見事にどんよりさせられる、こちらもカルト映画の名作である。

40

快楽殺人犯の奇行を余すことなく描き切ったド怪作

ハウス・ジャック・ビルト

胸糞度 ★★★★★
絶望度 ★☆☆☆☆

殺人鬼の鬼畜振りに震える超胸糞ワールド

完璧主義者かつ潔癖症であり、強迫性障害も抱えるジャックは、ある日衝動的に人を殺してしまう。以降ジャックは取り憑かれたように殺人に没頭し、あの手この手で人を殺し続ける……。

「ダンサー・イン・ザ・ダーク」「ドッグヴィル」「アンチクライスト」「ニンフォマニアック」。不快感溢れる展開と絶望的な結末を伴う作品性をもって、観客の心に凄まじいダメージを与え続ける世界的映画監督ラース・フォン・トリアー。あまりの容赦のなさに女性蔑視だと世界中のフェミニストから嫌われている鬼才が監督した本作は、やはりとてつもない不快感を観客に味わわせつつも、あまりのジャックの奇行ぶりにやがて観客までもが可笑しくなってしまうというド怪作である。

本作は152分という尺の中でジャックが7回ほど殺人を実行するのだが、まずこのあまりに悪趣味なエスカレート振りにドン引く。まず1回目は、助手席に乗せた女性があまりにウザ過ぎて工具で殴り殺すというもので、ここまではまだ納得ができる（この女性はなんとあの大女優ユマ・サーマン。彼女へのこの扱いの雑さがまずもってクレイジーすぎる）。だが2回目以降は、その殺人の理不尽さと圧倒的な快楽殺人鬼振りにひたすら悶々とする羽目になる。すぐには殺さず、ネチネチと被害者をいたぶる非倫理的な残虐さに観ている側も卒倒寸前。私はあまりの胸糞悪さに「なぜ自分はこんな思いをしてまで本作を観ているのだ？」と自問自答を始めることで意識をそらすしかなかった。

やがてユーモアに転じる後半

だがこの苛烈な殺人場面の応酬が、後半になると可笑しさに転じてくるのがこの作品の凄さである。あるシーンでは監禁した男性たちを拘束して縦に並べ、一発のフルメタルジャケット弾で何人の頭を撃ち抜けるか実験し始めるというマッドさである。いよいよ観客も、なぜお前はそこまで殺人に執着するのだと突っ込まざるをえなくなる（ドン引きする観客の方が多そうだが……）。そして「The House That Jack Built」（原題）のタイトルの意味がいよいよ明かされる終盤にはもう絶句するしかない。ちなみに劇中では、殺人分野の《芸術家》を自称し始めた彼が何者かと対話する挿話が何度も入るのだが、このシーンも普通に観ていると8割がた意味不明かつ難解でポカーンとした状態になるのでぜひ集中して挑んでほしい。

完全に狂っている終盤

既にここまでの文章でこの作品が相当な変態映画なのがお分かりいただけるかと思うが、それをもってして、本映画はラスト15分にさらにとんでもないシーンを用意しているので驚愕する。あんな超展開は地球上で誰一人として予測不可能である。私はあまりの地獄絵図に震えが止まらず、あらためて映画という表現の自由さに感動してしまった。

　というわけで、個人的には不快→笑い→感動という稀有な感情の変遷を辿る唯一無二の作品として認識しているのだが、あなたは後味悪く感じたか、それとも他の感情が生まれたか。ぜひご覧いただいて感想を教えてほしい。

INFORMATION

『ハウス・ジャック・ビルト（原題：The House That Jack Built）』

■2018 年製作／デンマーク・フランス・ドイツ・スウェーデン合作／ 152 分／ R18+

■監督・脚本：ラース・フォン・トリアー

■出演：マット・ディロンほか

■日本初公開：2019 年

41

鮮血の美学

レイプリベンジ系映画の元祖にして頂点

胸糞度★★★★★
絶望度★★★☆☆

胸糞の悪さ以外存在しない映画

森の中で少女2人をレイプし殺害した凶悪犯たち。彼らはその帰り道に車をエンストさせてしまうが、助けを求めて立ち寄った家は、なんとその少女の両親の家だった。やがて訪問者の正体に気づいた両親は、あまりにもえげつない復讐を開始する……。

この筋書きが既に常人では思いつかないほど胸糞だが、本編はさらに想像以上に鬱々しく、気分を滅入らせるという凄まじい映画である。まずもってこの作品は、少女が殺されるまでに全編尺の半分程度を使うのである。純粋な17歳の女子が、悪魔のような男たちに引っかかり、さらわれて嬲られ殺されてゆく様が長尺によってネチネチと描かれる。それに付き合わされる観客の身にもなってほしい。時折、警察官によるギャグパートが挿入されるのだが、これも全編の世界観と乖離しすぎて制作者の人格を疑うしかない意味不明さで、その悪趣味なぶっ込まれ方も作品の胸糞さを押し上げてゆく。

そしていよいよ後半になり、この凶悪犯の一人が娘にかつてプレゼントしたネックレスを着けていたことから、両親が娘が殺されたことを察知し復讐を開始するわけだが、この後の展開もエグさを極めている。母親が犯人の男の一人を誘惑し、やがてペニスを噛みちぎるという（男性は）直視不可能なトラウマ展開は卒倒レベル。一体この作品は何を目的として作られたのだろうか……。

本作は低予算で制作された1970年代の映画ということもあり、フィルムの質感がザラついていて画質が非常に悪い。撮影自体もお世辞にも上手いとは言えず、妙な素人感がつきまとい続ける。だがこの独特の不明瞭さこそが、かえって作品の胸糞悪さに大きく貢献している。

ちなみに2009年には本作を予算をかけてリメイクした作品「ラスト・ハウス・オン・ザ・レフト」が公開された。本作が持つ独特な狂気は存在しないが、エンタメスリラーとして割としっかり再構築された快作なので、サスペンス映画好きにはおすすめである。

ホラー映画史を代表する2人の映画人の初期作

良い意味でも悪い意味でも拙さを感じる本作は、なんと2人の有名映画制作者の初期作品なのである。監督はこののち「エルム街の悪夢」「スクリーム」を監督する名匠ウェス・クレイブン。プロデューサーは「13日の金曜日」シリーズでホラー映画史を変えたショーン・S・カニンガム。特にウェス・クレイブンは本作が処女作なのだが、「スクリーム」で見せた見事すぎるストーリーテリングや、スピーディな撮影編集技術はこの時点では全く感じられないので驚くばかり。こうしてみると、如何に映画監督が経験を経て成長し、化けてゆくかがよくわかる。クレイブン自身「本作が家族や知り合いに不評だったのが辛かった」とコメントしており、その反省が彼のその後のフィルモグラフィーに大きく活かされているのかもしれない。

とはいえ、あらゆる偶発的な要素がイビツに融合した結果、胸糞映画史における唯一無二の怪作になりつつある本作。興味のある方はぜひチェックしていただきたい。

INFORMATION

『鮮血の美学（原題：The Last House on the Left）』
■1972年製作／アメリカ／85分
■監督・脚本：ウェス・クレイブン
■出演：サンドラ・カッセル、デビッド・ヘス、ルーシー・グランサムほか
■日本初公開：1987年

42

ウィッカーマン

狂気の世界に震える究極のカルト映画

胸糞度 ★★★☆☆
絶望度 ★★★★☆

常識が通用しないという恐怖

行方不明の少女を探すため、イギリス本土からサマーアイル島へやってきた警官の男。だがそこで彼が目にしたのは、異様な古代宗教に取り憑かれた島民たちの恐るべき生態だった……。

映画史上に残る狂気の沙汰のような作品である。もはやジャンルすら分類不能。スリラーの構成を取りながら、異端の宗教ホラーのようでもあり、さらに時折挟まれる意味不明なフォーク風ミュージカルシーンの数々が観客を唖然とさせる。全裸で歌いながら主人公を誘惑してくる女、学校の授業で卑猥発言を連発させられる子供たち、柳の枝で編まれた巨大な人形の存在……。常につきまとう、同じ言語を話しているのに話が噛み合っていないかのような違和感。常識が通じないという恐怖を描き出した本作の持つ独特の狂気は圧巻である（筆者は初見時、あまりの理解不能さに思わず笑ってしまったが……）。

脚本のアンソニー・シェーファーは、１９７０年代に劇作家・映画脚本家として名を轟かせた人物で、サスペンス映画の名作「探偵スルース」（１９７２年）、「フレンジー」（１９７２年）など、数々の傑作を世に送り出してきた。そんな名脚本家の脂の乗っていた時期の作品ということで、本作のシナリオの完成度も相当なものである。まず主人公の警官が厳格なキリスト教信者で、プラトニックに童貞を守り続けているという設定が面白い。性に対して自由奔放な島の人々に迫害されるキリスト教徒、という異文化対立的なテーマがクッキリと浮き出てきて、この辺りも見応えがある。

圧倒的な絶望感

極めてシュールでありながら、それでも牧歌的な雰囲気を基調とした作品ではあるのだが、油断していると後半にとんでもなく残酷な展開が待ち受けているので絶望する。島の宗教に基づいた儀式のシーンは、事象の恐ろしさに加えて、その様子を眺めている島民たちの笑顔にも心底恐怖させられる。普通のホラー映画であれば、こういうシーンで人々は悪魔に取り憑かれたような恐ろしい笑みを浮かべそうなものだが、本作ではまるで親友の誕生日を祝うかのように爽やかな笑顔なのである。このナチュラル極まりない表情は、彼らの中でこの凶行が日常の延長線上にあるということを思い起こさせられて、文字通り背筋の凍るような感覚に陥る。これほど救いようがなくむごたらしいラストシーンは中々無い。

　というわけで、長らく比類するもののない唯一無二の怪作として映画ファンの間で語り継がれてきた作品なのだが、最近は「ミッドサマー」（２０１９年）の元ネタ的な作品として再び脚光を浴びるようになった。……納得である。

INFORMATION

『ウィッカーマン（原題：The Wicker Man）』
■1973年製作／イギリス／88分
■監督：ロビン・ハーディ
■脚本：アンソニー・シェーファー
■出演：エドワード・ウッドワード、クリストファー・リーほか
■日本初公開：1998年

【胸糞映画コラム】
「ザ・チャイルド」

《異端の島》という繋がりで挙げると、スペインで製作されたこの映画も相当に恐ろしい。ある日突然、孤島に住む子供たちが大人を襲い殺し始めるというホラー作品。この何の理由も描かれない凶行の圧倒的な恐怖。しかも可愛い子供たちを殺すことなど誰もできない……。後半の衝撃に次ぐ衝撃の展開には震えが来るほどで、ここまでやるかと戦慄せざるをえない。これぞトラウマ映画である。

43

あまりに非人道的な鬼畜映画の極北

セルビアン・フィルム

胸糞度 ★★★★☆
絶望度 ★★★★☆

史上稀に見るアンモラルさ

引退したポルノスター：ミロシュは、ある日高額な報酬に釣られて再びポルノ映画に出演することを決める。だがそれは、異常なセックスと殺人が支配した世にもおぞましいスナッフフィルムの撮影の始まりだった……。

「吐き気が止まらない」「立ち直れないレベルまで落ち込む」。2010年に本作が披露されると、そのあまりの暴力描写やアンモラルすぎる性描写、戦慄の結末により、世界46ヶ国以上で上映禁止。国によっては政治家や宗教団体が抗議して上映禁止の訴訟を起こすなど、世界的に非難に晒され続けている究極レベルの残酷映画である。私も本作を鑑賞していて何箇所か卒倒しそうになったシーンがあるのだが、特に生まれたばかりの新生児を………のシーンは何故こんな映画を作れる神経があるのかと制作者を呪いたくなった。

ここまで書いてしまうと、前半から後半まで欲望と血に支配された残虐映画かと思われそうだが、前半は主人公の再びポルノの世界に戻るのかどうかという葛藤が丁寧に描かれる。だからこそ、結局異常性欲の世界に溺れ、破滅してゆく中盤以降の展開は直視に耐えない。レイプ、拷問、流血、殺人、一切手を抜かず繰り広げられる残酷描写のオンパレードは凄まじく、それを苛烈な編集・音響効果で見せ切る本作のパワーは目を見張る。どこまでも非倫理的ながら、映画として確固たる力を持った作品であることは認めざるをえない。笑いやユーモアも排除して、逃げ場の無くなった我々におぞましい映像を見せつけてくる世界最悪の映画の一つである。

監督が怒りを込めて描く
異常性欲の世界

一見すると残酷なだけの映画だが、監督によると「この映画は自分の住む国や世界を寓話的に描いたもの」だという。かつてセルビアという国は旧ユーゴスラビアの中心的な地域だったが、何度も民族同士の血で血を洗うような紛争が勃発し、悪意を持った支配者によって民衆が苦しめられている。監督はそんな搾取される側、虐殺される側の恐怖を、この映画を通じて描きたかったのかもしれない。確かに本作の残虐描写を見ていると、まるでこの国でリアルに起きている残酷な事象はこんな物ではないという制作サイドの怒りが満ちているようにも感じる。性を売り物にして生計を立てるしかない貧国の悲哀も描写の端々に表れている。そしてそれと同時に、人間のとめどない性的欲求・殺人欲求の異常さと、その成れの果てを見せつけられて暗澹たる気持ちになる作品である。

INFORMATION

『セルビアン・フィルム
(原題:A Serbian Film)』
■2010年製作/セルビア/104分/R18+
■監督:スルディアン・スパソイエビッチ
■出演:スルジャン・トドロビッチ、セルゲイ・トリフノビッチほか
■日本初公開:2012年

【胸糞映画コラム】
「オーディション」

三池崇史監督が2000年に発表したこのサイコ・スリラー映画は、日本ではそこまで知名度のある作品ではないが、ロッテルダム国際映画祭ではそのおぞましさから記録的な人数の途中退場者を出すなど、世界的には日本屈指の恐怖映画として名を轟かせている傑作である。《痛み》しか信じられないサイコ女の標的になってしまった中年男に待ち受ける恐怖とは……という話なのだが、人間ドラマから急転直下ホラーとなる中盤の展開、妄想と現実が入り乱れてゆく後半部分の演出など、確実に「セルビアン・フィルム」へ与えた影響が散見される。恐怖映画好き必見の本物のホラー映画である。

44

ザ・バニシング -消失-

制作者の性格が悪すぎる極限のバッドエンド

サイコ・サスペンス映画史上No.1の傑作、ついに解禁――
ザ・バニシング―消失―

胸糞度 ★★★★★
絶望度 ★★★★★

主人公が直面する理不尽な悪夢

オランダからフランスへと車で小旅行に出掛けていた一組の男女カップル・レックスとサスキア。だが、立ち寄ったドライブインでサスキアは忽然と姿を消してしまう。必死に彼女を捜すも手がかりは得られず、3年の歳月が経過。依然として捜索を続けるレックスの元へ、犯人らしき人物からの手紙が何通も届き始め……。

知る人ぞ知る、後味の悪い映画界隈の隠れ横綱のような作品である。オランダやフランスの合作、有名な俳優は不在、派手なシーンは皆無という地味な映画ながら、真綿で首を絞め続けられるような緻密なストーリー展開が最悪極まりない。まず人がたくさんいる晴れたドライブインで、突然恋人が行方不明になる悪夢が心に堪える。その後も鬱展開を積み上げ、ただただ憔悴した男の姿を追い続けるストーリーは、淡々としているだけにかえってリアルでいたたまれない。その救われなさは、かのスタンリー・キューブリック監督が「すべての映画の中で最も恐ろしい」と語ったほどである。

サイコパスすぎる犯人

驚くことにこの映画、中盤で唐突に主人公が犯人の視点に変わるのである。実にイビツな構成だが、いよいよここからこの作品は独特な異常性を増してゆくことになる。

フランス人の中年男性であるレ

イモンは、妻と娘のいるごく一般的な人物。しかし彼は、若い女性を自分の車におびき寄せて誘拐する異常な計画を練っていた。家庭を持ちながらも、婦女誘拐のシミュレーションをし続ける真性のサイコパスっぷりにドン引きだが、こちらもその淡々とした演出が、かえって近所にこんな人間がいるのではというリアリティを醸し出している。絶対に捕まらないよう、知恵を絞り準備に準備を重ねてゆくさまは実に気色悪い。クロロホルムを迅速に嗅がせる自主練を繰り返すくだりなど、胸がむかつきすぎてもはや笑えてしまう程である。

そして後半、いよいよレックスとこの犯人とが会う展開になるのだが、その後の胸糞を極めた展開はとても言葉に表すことができない。未だに筆者は「なんであんなラストになったんだ⁉」と納得しきれないのだが、圧倒的優位な立ち位置にいる人間が、追い込まれた人間の心を蹂躙してゆくさまはひたすら不快である。

鬱々しいストーリー、中盤以降のサイコパス犯人の躍動、信じ難い結末……と、つくづく制作者の性格が悪すぎるスーパー闇映画である。

INFORMATION

『ザ・バニシング - 消失 -（原題：Spoorloos）』
■1988年製作／オランダ・フランス合作／106分
■監督：ジョルジュ・シュルイツァー
■出演：ベルナール＝ピエール・ドナデュー、ジーン・ベルボーツほか
■日本初公開：2019年

【胸糞映画コラム】
「アングスト／不安」

1983年にオーストリアで製作されたこちらの作品も、殺人者のイビツさと胸糞さを極めたキワモノ映画である。刑務所から出所してきたばかりの殺人鬼が、衝動的に豪邸の家族を惨殺して逃げる。ただそれだけを描いた作品だが、この人が尋常ではなくパニクっているので、一体我々は何を見せられてるんだ……と呆気に取られる事態に。ただ成り行きだけを観ていると映画が終わる怪作である。音楽のジャーマンロックがやたら格好良かったり、カメラワークが凄まじかったり、犬が可愛かったりと見どころの多い作品なので、こちらもぜひチェックしてほしい。

45

マザー!

日本での劇場公開が中止になった史上最悪の不快映画

胸糞度 ★★★★★
絶望度 ★★★☆☆

見知らぬ訪問者たちに蹂躙される妊婦の精神

郊外の一軒家で夫と暮らす主人公(ジェニファー・ローレンス)。だがそこに次々と見知らぬ訪問者が現れ、夫(ハビエル・バルデム)は彼らを勝手に自宅に招き入れてしまう。訪問者の数は止まることを知らず、主人公は不安と恐怖を募らせていくが、そんな中で妊娠が発覚する。しかし彼女に待ち受けていたのは、想像を絶する過酷な運命だった……。

神経質な方が鑑賞したら卒倒するのではと思うほど腹立たしい映画である。平和に暮らしていた女性の家に、次々と不審者が訪れる。彼らは家の中にズカズカと土足で踏み込んでは、夫婦の寝室で性行為を始めたり、勝手にペンキで壁紙を塗り替えたり、騒いで水道管を破裂させたりと目を疑うような行動に出始める。それを容認している夫への疑念にも苛まれ、妊娠によって不安定になっている主人公の精神は崩壊してゆく。

監督のダーレン・アロノフスキーは、妄執や強迫観念に囚われた主人公を描かせたら天下一品の超一流監督であり、これまでも「レクイエム・フォー・ドリーム」「ブラック・スワン」といった大傑作を生み出してきた。そんな鬼才が、舞台を一軒家のみに限定しながらも、自らのイマジネーションを洪水のように放出させ、観客に解釈を突きつけてくるキワモノ作品が本作である。《自分の家で他人に好き勝手される》という極めて単純明快かつ不快なストーリーながら、主人公の戸惑いを体現した職人技のような撮影・編集手法、ここまで増殖するかという訪問者とその暴挙の数々、想像を絶する後半のストーリーなど一つ一つの要素が濃すぎて飽きさせない。胸糞極まりない映画だが、私は終盤のあまりの超展開ぶりに思わず笑ってしまった。ジャンル分け不可能、天才監督がやりたいことをやりきった映画史上類のない唯一無二の怪作であることは間違いない。

INFORMATION

『マザー！（原題：Mother!)』
■2017年製作／アメリカ／121分
■監督・脚本：ダーレン・アロノフスキー
■出演：ジェニファー・ローレンス、ハビエル・バルデム、エド・ハリスほか
■日本初公開：未公開（2018年にDVD発売）

旧約聖書をモチーフにした物語

一見すると理解不能な映画だが、監督は本作のストーリーを旧約聖書の「創世記」の内容をベースに構築したという。つまり夫＝創造主、妻＝地球のメタファーであり、地球が創世以来受けてきたあらゆる受難を映像に見立てているというのだ。なるほど本作にはアダムとイヴらしきキャラクターも出てくるし、終盤は輪廻転生の比喩なのか等様々な解釈ができて非常に興味深い。だが本国では、熱心なキリスト教徒から本映画が聖書の内容を茶化しているという苛烈な批判も多かったという。本作はパラマウントの意向により日本での劇場公開が中止になってしまった曰く付きの作品だが、殺人やカニバリズムといった過激なシーンが問題視された他にも、そうした宗教的な理由があったのかもしれない。

【胸糞映画コラム】
「レスラー」

ダーレン・アロノフスキー監督が描くヒューマンドラマの最高峰的な映画である。落ちぶれたプロレスラーの男が過去の栄光に縋り、こじれた娘との関係を修復しようとする作品。その不器用すぎる生き様、血がほとばしる痛々しい直接描写の数々が観る者に深いトラウマを残す。あまりにも辛いラストシーンが心を震わせるこの監督らしい大傑作なので、こちらもぜひチェックしてほしい。

46

ソドムの市

鑑賞自体が拷問と呼べるほどの最悪映画

胸糞度 ★★★★★
絶望度 ★★★★★

思わず目を背けたくなる変態描写の数々

イタリアの大統領・大司教・最高判事・公爵の4人が、町の美少年・美少女たちを狩り集める。その目的は自分たちの快楽のために、誘拐した少年少女たちに対して変態行為を実行してゆくことだった。誰も知らない秘密の館で、少年少女たちは大人たちの残忍残虐な行為の犠牲となってゆく……。

性器の露出、スカトロ描写、殺人も含めた残虐行為……思わず目を背けたくなる描写が連発する、人類史上最悪の地獄のような映画の一つ。もう、全てが狂っている。一体どうしてこんな映画が存在しているのか。その構成は「地獄の門」「変態地獄」「糞尿地獄」「血の地獄」の4章からなるのだが、その残虐行為は章を経るごとにエスカレートしていき、タガが外れた人間の欲望の暴走と、どこまでもエスカレートするその異常性に心が病むばかりである。

既に前半の「変態地獄」の段階で常軌を逸した変態ワールドが炸裂する。例えば大統領が突然興奮して「若者たちを無理矢理結婚させ、目の前で変態的なセックスさせよう！」と提案し、訳もわからないまま若者たちが全員全裸で結婚式を挙げさせられるくだり。やがて発情した大統領と公爵がそれぞれに花婿と花嫁をレイプし始め、さらにそれを見て興奮した最高判事が、今度は公爵を犯し始める。……筆者自身も書いていて意味不明なのだが、こうしたおじさんの乱交パーティの惨状を目撃させられて観客のHPは容赦無く削られてゆく。

　中盤の「糞尿地獄」は更にクレイジーである。ここでは変態おじさん4人組が自分の排泄物を若者に食べさせたり、若者の排泄物を集めてディナーパーティを開くなど文字通りの地獄が展開される。これほど悪臭の漂うシーンは映画史において皆無であろう。さらに終盤の「血の地獄」では、ついに殺人衝動を抑えられなくなったおじさんたちが……この先の残酷さはとても紙面には書き表せない。

　本作の比類なき胸糞さと後味の悪さは、エンタメ性と倫理性という2点がなに一つ存在しないことにも起因している。若者たちの一部が監禁されている館から隙を見て脱出を試みるとか、そういった展開は一切なく、それどころかキャラクター描写すら皆無で、ただ虐待される存在として映るのみという凄まじさである。この淡々と《拷問》という事象だけを映し続ける本作の絶望感たるや他に無い。人間の欲望の異常性を描いた意義ある作品か。はたまた興味本位なだけの駄作か。ぜひご覧いただいて判断してほしい。

公開前に惨殺された監督

　監督のパゾリーニは、この映画をもってナチスドイツのホロコースト批判をしたかったのだという説があるのだが、その真意は分からない。監督が本作の公開前に、何者かによって激しく暴行された上、何度も車で轢かれるという残虐極まりない方法で殺害されてしまったからである。当時はパゾリーニから性的暴行を受けた少年の恨みによる犯行とされていたが、現在ではネオファシスト党の人間による犯行という説もある。

　真相はもはや闇の中であり、その事実がこの作品の醸し出す負のパワーを永遠のものとしている。

INFORMATION

『ソドムの市（原題：Salo o le 120 Giornate di Sodoma）』
■1975年製作／イタリア／117分
■監督：ピエル・パオロ・パゾリーニ
■出演：パオロ・ボナチェリ、ジョルジョ・カタルディ、ユベルト・P・クィンタバルほか
■日本初公開：1976年

47

マーターズ

異常なまでの残虐さが観客の心をへし折る超絶問題作

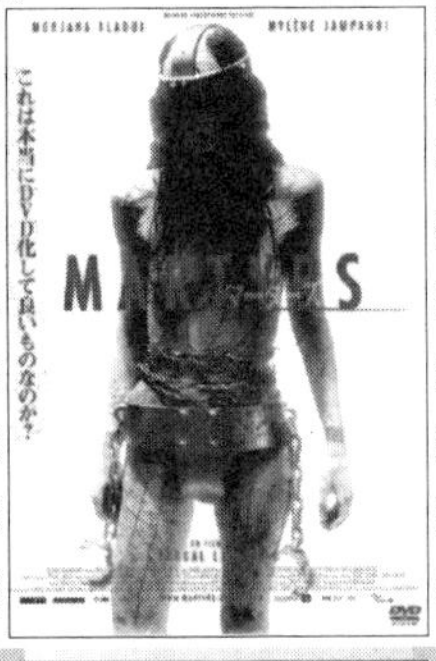

胸糞度 ★★★★★
絶望度 ★★★★☆

残虐と絶望のオンパレード

１９７０年初頭のフランス。少女リュシーが、傷だらけの衰弱しきった姿で路上を彷徨っているところを発見される。同じ年頃の少女アンナの献身的な介護で平穏な日常を取り戻してゆくが、想像を絶する地獄への扉が再び開かれようとしていた……。

「マーターズはヤバい」「マーターズだけは見てはいけない」……公開当時のホラー映画ファン界隈でそのように噂されていたこの作品。歴戦の猛者が観てもそのように語るこの映画はどんな内容なのか。何がそんなにヤバいのか。筆者は最近になってようやく鑑賞したのだが……これはさすがに非人道的すぎる……。

衝撃のあまり何から語ればよいか分からない作品なのだが、とにかく残虐描写が相当どぎつい作品なのは間違いない。前半からショットガンでの連続惨殺シーン、児童への暴行シーン、血みどろの自殺シーンなど残酷場面の連発で、ボディブローのように気を病むのだが、これはまだ序の口でしかない。いよいよ後半からある登場人物へのノンストップ拷問シーンが開始され、観客のメンタルは完全に破壊されてゆく。一体どうしてこんな映画が存在しているのか？　演じた女優さんの精神状態は大丈夫だったのか？　この映画を早送りせずに観れる人間は相当な気力があると思うが、映画館で観た観客にとっては地獄そのものだっただろう。あまりにもこの世の倫理から外れた本作の持つインパクトは計り知れない。ちなみに日本版DVDのキャッチコピーは「これは本当にDVD化して良いものなのか？」なのだが、こっちに聞くな！　と叫びたい。

常人には理解できないストーリー

映画の文法を無視したオリジナリティに溢れすぎているストーリーも唯一無二だ。あれよあれよと思いも寄らぬ方向へ展開してゆくので、もはやどんな結末になるのか想像がつかないのである。やがて死後の世界、殉教者（マーターズ）という概念など異常な要素が絡み出し、高尚な宗教映画的な側面すら出現してくる。そして辿り着く終盤……ここが超展開すぎて最も凄い。常人には理解の追いつかない結末の破壊力はえげつなく、本作にしか存在しない最悪の後味を残す。

いずれにしても、こんな話を考えられる想像力は尋常ではなく、パスカル・ロジェという監督の鬼才振りには脱帽するしかない。ちなみにWikipediaを見ると、この映画に出演した女優たちが楽しそうに舞台挨拶に登壇している写真が載っているので、少しだけ鑑賞後の慰めになるかもしれないことは追記しておきたい。

INFORMATION

『マーターズ
（原題：Martyrs）』
■2007年製作／フランス・カナダ合作／100分
■監督・脚本：パスカル・ロジェ
■出演：モルジャーナ・アラウィ、ミレーヌ・ジャンパノイ、カトリーヌ・ベジャンほか
■日本初公開：2009年

【胸糞映画コラム】バッドエンドのフランス映画

本作に限らず、フランス映画は白黒の時代から非情で劇的な幕切れをする作品が非常に多く、それが大きな一つの魅力であり、お家芸になっているように感じられる。特に「恐怖の報酬」（1952年）、「禁じられた遊び」（1952年）、「太陽がいっぱい」（1959年）の3本は映画史に残る傑作である。全体的な完成度の高さに加え、あの戦慄かつ見事なラストシーンが作品のレベルをまた一段階引き上げているのではないだろうか。観た者の心に永久に残り続ける、映画ファンは必見の超名作である。

48

アレックス

映画界の異端児による圧巻の胸糞映画

あまりにも異常な映画

その革新的な演出の数々で、映画界の異端児と呼ばれるアルゼンチン監督：ギャスパー・ノエによる本作は、あまりにも悲痛で痛々しい、映画史上に残る問題作である。

もう何から語れば良いのかわからなくなるほど異常な作品だが、まず本作が観客の神経を逆撫でするのは、時系列の構成を逆転させるという通常ではあり得ない手法を取っていることだろう。つまり、絶望的で救いのないラストシーンから始まり、残虐な描写の数々を見せつけられるが、映画が進むにつれて登場人物の傷は癒え、最も平和で幸せだった瞬間が結末に来るのである。ここに来て観客は、本作のキャッチコピーである「時はすべてを破壊する」というメッセージを受け取ることになり、もう戻ることのできない平和だった日々の尊さに愕然とさせられる。

グワングワンと揺れまくるカメラワークも気分を害す要素の一つである。この監督は「エンター・ザ・ボイド」（２００９年）、「CLIMAX クライマックス」（２０１８年）でもこうした縦横無尽に揺れる異常なカメラワークを多用しているが、これらの作品がだいぶ洗練されてきているのに比べ、本作の撮影はあまりにも荒々しい。こうしたカメラワークで描かれる序盤のゲイクラブのシーンは、無数の男性たちが絡み合う姿とひたすらに揺れる撮影が融合し、唯一無二的

胸糞度 ★★★★★
絶望度 ★★★☆☆

な悪夢感を演出することに成功している。

9分間にわたる
悪夢のレイプシーン

おぞましい場面が連続する本作だが、なかでも圧倒的な地獄を体感させられるのが9分間にわたるレイプシーンである。この場面はカンヌ国際映画祭で上映された際も退場者を出すなど、物議を醸した問題のシーンだが、あれだけ揺れていたカメラワークがこの場面ではピタリと静止し、9分間を長回しでじっくりと見せてくるので性格が悪すぎる。トンネル内を普通に通行していた女性が、男性に絡まれて襲われてしまうこのシーンは、実際に起こりうるかもしれない凄まじいリアリティがあり、固定カメラでの長回しという映像の冷ややかさも手伝って筆舌に尽くし難い。暴力性が極めて高いのも最悪である。もしかしたらこのシーンは筆者の映画鑑賞史上でも最悪の胸糞シーンかもしれない……。

そんなわけで、圧倒的な負のエネルギーに苛まれる一本なのだが、それでもラストシーンには感動してしまった。公園を駆けまわる子供たちを俯瞰で映してゆき、次第にカメラは高速で回転し始め、やがて白と黒の光が異常なまでの明滅を見せて映画が終わる。ポケモンショックを彷彿とさせるあまりにも危険なシーンだが、こんな誰も思いつかない映像演出（思いついても観客に配慮して普通はやらない）を実行してしまったギャスパー・ノエという監督の鬼才振りに震えた。我が道を行く芸術家としての圧倒的な作家性と、作品のテーマが融合した映画史に残るラストシーンではないだろうか。

なかなか《好き》と言うのも憚れる前代未聞の作品だが、唯一無二の描写の数々で観客を挑発し続ける究極の映画である。長い人生で一度は触れてみるのも良いかもしれない。

INFORMATION

『アレックス
（原題：Irreversible）』
■2002年製作／フランス／98分／R18+
■監督・脚本：ギャスパー・ノエ
■出演：モニカ・ベルッチ、バンサン・カッセル、アルベール・デュポンテルほか
■日本初公開：2003年

49

ファニーゲーム

カンヌを騒然とさせた映画史に残る問題作

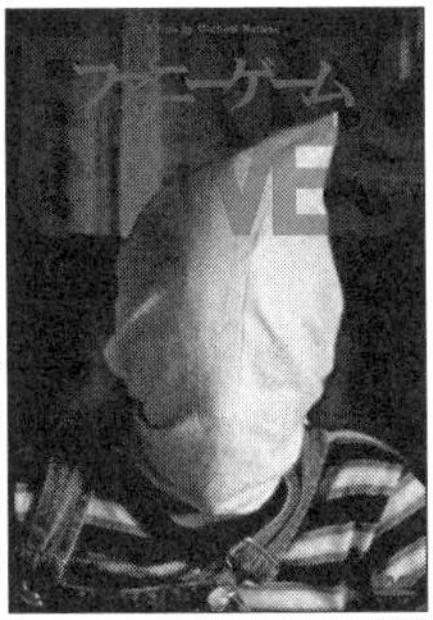

胸糞度 ★★★★★
絶望度 ★★★★★

胸糞映画史上のナンバー1

　湖畔でバカンスを過ごしていた親子3人の家に、2人組の白い手袋をした男たちが訪問してくる。彼らは突然ゴルフクラブで父親の脚の骨を折ると、家に侵入してきて言う。「明日の朝まで君たちが生きていられるか賭けないか?」それは残酷でおぞましいゲームの幕開けだった……。

　カンヌ映画祭出品時、あまりの凄惨さから観客が席を立ち、ロンドンではビデオの発禁運動まで起こったという歴史的問題作。その内容は胸糞と不快を極めており、圧倒的な理不尽さに絶句せざるをえないわけだが、それもそのはず。この映画を作った目的自体が「観客を嫌な気持ちにさせること」なのである。

　監督のミヒャエル・ハネケはウイーン大学で哲学、心理学、演劇を学んだエリートであり、映画批評家から映画監督へと転身した人物。彼が持っている映画を批判的に見る力が、これ以上ないほどに解き放たれているのが本作である。中核にあるテーマは《ハリウッド的エンターテイメント・スリラー映画への批判》となるだろうか。「ダイ・ハード」しかり「ミザリー」しかり、ハリウッドでは侵略者の手に苦しめられるタイプの映画が多く作られてきた。しかしその主人公たちは、さんざん苦しめられながらも、なんとか状況を打開して悪を打ち負かして終わる（そうはならなくても、何らかの決着はする)。

しかし本作は、そういった作品に何らかの主人公補正が働いていることを鋭く見抜き（例えば、主人公を縛ったロープの縛りが偶然甘くて脱出できるとか)、観客が心のどこかで期待している《お約束》をことごとく潰してゆく。そしてこともあろうに、その主人公補正を悪役の方に転移させ、通常の映画ではあり得ないような悪役有利の事象が次々と起こってゆく。これで観客の気分が悪くならないはずがないのだが、そんな観客に「あれれ、あなたは人が死ぬスリリングな映画が好きなんじゃないのかナ?」と問いかけてくるのが本作なのだ。つくづく、性格の悪いインテリなおっさんの悪意が爆発したような映画である……。

観客を唖然とさせるメタ演出

コンセプトが既に映画史上に類のない異常なものなのだが、その演出手法の数々も常軌を逸している。その一つが《人が死んだ時の反応》。物語の中盤である登場人物が死ぬのだが、それが起きた時の周りの反応がリアルすぎて、あまりの辛さにこっちも卒倒しそうになる。本当に親しい人間が死んだ時、人は泣き叫ぶのではなく、もっと心を引き裂かれるような深い痛みを味わうものなのだ。

そしてこの映画で最も凄いのが、伝説の超絶演出《衝撃の巻き戻し》。これはもう何も言えないので観て確かめてほしい。ちなみに私は初見時、このシーンが理解不能すぎてちゃぶ台をひっくり返しそうになってしまった。またシナリオ面においては《役に立たない伏線》というこちらも前代未聞の展開が存在するので注目してほしい。

間違いなく最悪な気分にさせられる映画ながら、同時にトピックが尽きないこの作品。映画史に残る名作か、ただ最低なだけの駄作か。ぜひ一度観てもらいたい。

INFORMATION

『ファニーゲーム
(原題：Funny Games)』
■1997年製作／オーストリア／103分
■監督・脚本：ミヒャエル・ハネケ
■出演：スザンヌ・ロタール、ウルリッヒ・ミューエ、フランク・ギーリングほか
■日本初公開：2001年

〈巻末コラム1〉

まだまだある！後味の悪い映画

本書では「後味が悪すぎる映画」と銘打って主に49本の作品を取り扱ってきたが、後味の悪い映画はこれだけに留まることはない。そこで、コラムとして本書で扱いきれなかった後味の悪い映画に触れていきたい。

まずは紹介した作品に付随した「胸糞映画コラム」で取り上げた作品に関してだが、特に後味が悪いのが「サウルの息子」「ペット・セメタリー」「ザ・チャイルド」の4本である。この辺りは単体で扱っていたら49本入りは確実。**「サウルの息子」**はホロコーストの限りない絶望を手持ちカメラで描いた脅威の作品だし、**「ボーイズ・ドント・クライ」**は性同一性障害の女性に訪れる地獄の結末に絶句、**「ペット・セメタリー」**も原作者スティーブン・キングが出版を見送ろうとしたほど救いの無いラスト、そして**「ザ・チャイルド」**は子供達が集団で人を殺し始めるという、考えうる限り最悪な設定を活かしきった知る人ぞ知る名作ホラー映画である。

監督別にいえば、有名どころだとラース・フォン・トリアー、ミヒャエル・ハネケ、ダーレン・アロノフスキーの3人がバッドエンド御三家だろうか。

トリアーは**「ドッグヴィル」「アンチクライスト」**も49本に入れようかと思ったが、その調子で入れてゆくとランキングがトリアーだらけになってしまいそうだったので自重した。ハネケの**「セブンス・コンチネント」「ベニーズ・ビデオ」**あたりも負けず劣らず絶望映画としての完成度が高すぎる。アロノフスキーの**「レスラー」**はあまりにも辛いラストだが、号泣できる傑作である。

意外に思われるかもしれないが、「ローマの休日」「ベン・ハー」の大巨匠ウィリアム・ワイラーも、本書のテーマに近い作品を発表している。それは**「噂の二人」「コレクター」**。前者はオードリー・ヘップバーンの主演作だが、あまりにも容赦ない胸糞展開に卒倒しかけたし、後者はサイコサスペンスの元祖的作品で、これも結末が相当に残酷。どちらも傑作なのでぜひチェックしてみてほしい。

最近の監督でいうとヨルゴス・ランティモスもこの系統の作品が多い。一人の少年によって、一家4人がめちゃくちゃにされてゆく**「聖なる鹿殺し」**は特に気分を害される暗黒映画である。ファブリス・ドゥ・ヴェルツ監督によるベルギーの闇3部作**「変態村」「地獄愛」「依存魔」**も、相当に変わった映画ながら後味の悪さで知られている。

人種差別を扱った映画も、人間の負の側面と直結していることから後味が悪い作品が多い。黒人が差別的な白人からの暴力により死亡した事件を描いた**「フルートベール駅で」「ティル」**は非常にビターな鑑賞後感を残し、エドワード・ノートン主演の**「アメリカン・ヒストリーX」**も、この問題を扱った映画では避けて通れない絶望の傑作である。

同様に戦争映画というジャンルも絶望の傑作には枚挙にいとまがない。本書で扱った数々の戦争映画の他にも**「ディア・ハンター」「プラトーン」「戦争のはらわた」「ブラザーフッド」「ヒトラーの忘れもの」**……脳裏によぎった作品は数知れない。**「ソフィーの選択」**もナチスのホロコーストに絡む、あまりにも非情な作品である。本作でのメリル・ストリープの演技は圧巻そのもので、アカデミー主演女優賞受賞も納得である。

アル中の男女が死ぬまでお酒を飲み続けようとする**「リービング・ラスベガス」**も極めて絶望的な映画だ。1970年あたりまで遡ると、気が狂うまでダンスし続ける映画**「ひとりぼっちの青春」**、アメリカの田舎の土着的な恐ろしさを描き、男がおじさんにレイプされる映画**「脱出」**あたりがトラウマである。

その他だと**「隣の家の少女」**が救いのない映画としてよく挙げられるが、筆者は映画のクオリティ自体が一定の水準に達していないような気がしてあまり好きではない。個人的に大好きなのは、監獄での心理実験を描いた**「es」**と短期記憶障害を患った男のスリラー**「メメント」**。どちらも高度でスリリングなシナリオと演出、そしてビターな結末が融合した大傑作である。

そしてこのテの映画としてはもはや殿堂入り的なフェデリコ・フェリーニ監督の不朽の名作**「道」**も外せない。

日本映画に目を向けると、まず挙げたいのはインディーズ映画**「無垢の祈り」**。義父からの性暴力を受け続ける少女がたどり着いた結末は……というあまりにも重い内容、重いラストだが、作品全体にぴんと芯のようなものがある傑作である。**「猿楽町で会いましょう」**も時代の闇、東京の闇、女性の抱える闇を複合的に混ぜ合わせたような凄い映画だと思う。痴漢冤罪を描いた**「それでもボクはやってない」**も相当にビターなラストだし、田舎での姉妹の確執を描いた**「腑抜けども、悲しみの愛を見せろ」**も全く良いことが起こらず終わる（筆者は**「成れの果て」**という映画を監督した際にこの作品を参考にした）。他にも殺人鬼を描いた**「ヒメアノ～ル」「死刑にいたる病」**など、邦画にも後味の悪き傑作は多い。

〈巻末コラム2〉
後味の悪い映画ランキング49

本書で主に取り扱った49本の作品において、当然その中には比較的とっつき易いものもあれば、真に閲覧注意レベルの凶悪な作品も含まれている。

そこで49本の後味の悪さを独断と偏見でランキングにしてみた。あなた自身の感覚と比較したり、人に薦める際の参考に役立てていただければ幸いだ。

49位は**「フレンジー」**。紹介ページにも書いたように、この作品は私の個人的なヒッチコックへの思い入れで本書に入れさせていただいた側面が強く、特段に後味が悪い結末というわけでもないのでこの順位とした。

48位は**「ソフト／クワイエット」**。これは2023年に公開された胸糞系映画の最新形態として紹介したが、結末自体はそこまで圧倒的に後味が悪いという印象ではなかった。

47位は**「ハウス・ジャック・ビルト」**。この作品は何からどう評価すればいいのやら、比較対象すら存在しないド怪作なのだが、少なくても《後味が悪い》かどうかの基準で言われると、ラストはむしろ陽のカタルシスの方が強かったのでこの順位である。

46位は**「岬の兄妹」**。社会の底辺で生きざるをえない兄妹の姿を描いた問題作だが、そのラストカットはバッドエンド一辺倒ではない別の含みを持つように感じられる。

45位は**「チョコレートドーナツ」**。いわゆる悲しい終わり方だが、ヒューマンドラマのあり方として十分あり得る範囲（むしろこの上はそこから逸脱したものしかない）なのでこの順位である。

44位は**「欲望という名の電車」**。１９５１年製作という古典的な人間ドラマの傑作だが、その結末は今観ても十分にショッキングで壮絶なインパクトがある。

43位は**「悪魔を見た」**。結末は最悪ながら、あまりにもバイオレンスにまみれた映画であるため、結末に辿り着く頃には観客の感覚も麻痺しているという問題作である。

42位、41位は**「ホテル・ムンバイ」「悪の教典」**。結末の最悪さというより、罪もない人々が理不尽に虐殺されてゆくという胸糞さが耐え難い2本である。

40位は**「イレイザーヘッド」**。これも類似作品のない超絶カルト映画なのだが、後味が悪いという印象以上に、作品全体を取り巻く悪夢感の凄まじさが勝っている気がする。

39位は**「トガニ　幼き瞳の告白」**。観た者全員に果てしなく重い余韻を残す映画だが、この作品の存在によって実際の事件の裁判がやり直され、加害者たちが正しく裁かれたというのが何よりも救いである。

38位、37位は**「女神の継承」「ヘレディタリー／継承」**。どこからどう見ても最悪な結末の2本だが、なんというかその救いの無い結末すらある種の納得感に変わるほどにホラー映画としての

後味の悪い映画ランキング 49	
49	フレンジー
48	ソフト／クワイエット
47	ハウス・ジャック・ビルト
46	岬の兄妹
45	チョコレートドーナツ
44	欲望という名の電車
43	悪魔を見た
42	ホテル・ムンバイ
41	悪の教典

クオリティが高い傑作である。
36位は**「マザー！」**。これも圧倒的にとんでもない結末なのだが、作品性が相当ぶっとんでいてある種の寓話状態になっているのでこの順位である。

これより上にいる作品は、個人的にはいよいよ本物の後味が悪すぎる映画である。
35位は**「愚行録」**。物語全体において悪いことしか起きない映画なので、当然鑑賞後感も最悪である。
34位は**「ミリオンダラー・ベイビー」**。あのストーリーの状況下における一番のハッピーエンドであったという意見もあるだろうが、その結末の余韻はあまりにも重い。
33位は**「ニューオーダー」**。徹頭徹尾人間味を欠いた作品で、どこまでも乾いた結末の余韻が最悪である。
32位は**「灼熱の魂」**。ニューオーダーとは真逆だが、人間の負の情念が束になって押し寄せてくるかのような凄まじい結末が、やはり最悪である。
31位は**「ウィッカーマン」**。あの結末の奇怪さと気味の悪さ、そしてえげつなさは唯一無二である。
30位は**「マジカル・ガール」**。あれよあれよという間にいつの間にか最悪な事態になり映画が終わるという究極レベルの闇映画である。
29位は**「ブルーバレンタイン」**。人が死なないこの映画が何故この順位にいるかというと、

40	イレイザーヘッド
39	トガニ 幼き瞳の告白
38	女神の継承
37	ヘレディタリー／継承
36	マザー！
35	愚行録
34	ミリオンダラー・ベイビー
33	ニューオーダー
32	灼熱の魂
31	ウィッカーマン

やはり男女間における破局という悲劇の普遍性をこれ以上なく見事に描いているからである。筆者も主人公たち同様に辛さにのたうち回り、鑑賞後数日は食事も喉を通らなかった。

28位は**「ミスティック・リバー」**。これが「ミリオンダラー・ベイビー」より上の順位なのかどうかは観客によるだろうが、個人的には生涯を通じて良いことが無かった男があぁいう結末を迎えたという部分が最悪of最悪であり、「ミリオンダラー・ベイビー」より上である。

27位は**「葛城事件」**。日本の核家族の嫌なところを極限まで煮詰めたかのような地獄ファミリー映画であり、その結末の重さも異常である。

26位は**「屋敷女」**。これはもう終盤の残虐描写が完全に度を越しているのでこの順位である。

25位は**「誰も知らない」**。育児放棄を描いた映画であり、私はあのラストカットで映画が終わった瞬間、「このような子供たちが日本にはきっと大勢いるのだ……」と1週間ほど引きずったし、今もたぶん引きずっている。

24位は**「風が吹くとき」**。核爆弾の原爆症を可愛いらしい絵で追い続けるという鬼畜すぎるアニメーション映画であり、当然救いの欠片も存在しない。

23位は**「リリイ・シュシュのすべて」**。青春の痛みを表現した傑作という評価も大きい本作だが、個人的にはその印象を全て覆い隠すレベルで展開が最悪過ぎた。レイプ、自殺、殺人が次々と降りかかる後半の残酷さはとても言葉にできない。

22位は**「凶悪」**。中盤の恐るべき残虐シーンもさることながら、観客自身の残酷性にまで言及してくる結末の余韻は壮絶である。

21位は**「デトロイト」**。これはもう劇場で観てしまったのが悔やまれるほどに暴力性と閉塞感が凄まじく、最後の最後まで最悪な気分にさせられた。
20位は**「セブン」**。全く救いの無い結末で世界的に有名なこの映画ですら20位であることに筆者自身驚愕しているのだが、限りなく最悪なラストシーンながら、娯楽に根ざした〝ハリウッド映画らしさ〟がきちんと存在している作品だけに、もはや観客の感情すら度外視しているようなこれより上位の映画よりはマシだと思えてしまったのかもしれない。

30	マジカル・ガール
29	ブルーバレンタイン
28	ミスティック・リバー
27	葛城事件
26	屋敷女
25	誰も知らない
24	風が吹くとき
23	リリイ・シュシュのすべて
22	凶悪
21	デトロイト

19位は**「隣人は静かに笑う」**。筆者は「羊たちの沈黙」「セブン」と唯一タメを張れる90年代サイコサスペンスの超傑作だと思うのだが、白が全て黒に塗りつぶされてゆく感覚には「セブン」以上に背筋を凍らされたため、この順位とした。
18位は**「火垂るの墓」**。大戦末期の子供たちの目を覆いたくなるような悲惨さを、何の手加減もなく正面から描き切った究極の反戦映画である。
17位は**「セルビアン・フィルム」**。過剰なまでのグロとエロのつるべ落としで、こうなったら嫌だという展開を終盤にすべてぶち込んでくる鬼畜映画である。
16位は**「哀愁しんでれら」**。心の底からクレイジーと思える結末に遭遇できる作品である。後味が悪いなどという安易な言葉では形容できないほどの惨状、あんなラストを全国300館規模のスクリーンで上映してしまったというのがこの映画の一つの勝利である。
15位は**「ザ・バニシング-消**

失」。もはや観客を嫌な気持ちにするためだけに作られたような作品である。直接的な残酷描写は皆無ながら、ひたすら淡々としていて却って気味の悪い演出、その果てに待ち受けるあの結末など全ての要素が最悪としか言いようがない。

14位は**「鮮血の美学」**。少女2人がレイプ後殺害され、両親が復讐するというストーリーの骨格自体もいかついが、70年代の独特の映像の粗々しさと、素人っぽさ丸出しの撮影の生々しさが凄まじく、トータルで制作者も意図していないほどに耐え難いほど嫌な空気感が充満してしまった超怪作である。鑑賞後の徒労感は相当なものがある。

13位は**「ザ・トライブ」**。ひたすらに冷たい森の中に閉じ込められた後、最後の最後に血塗られた地獄に呑み込まれる、そんな映画である。

12位は**「アレックス」**。物語内容としてはもしかしたらこれが1位でも良いのでは無いか？と一度自問自答したが、ラストシーンにおける監督ギャスパー・ノエの作家性の振り切り方が常軌を逸しすぎていて、感動すら覚えたのでこの順位とした。

11位は**「炎628」**。もはや第二次世界大戦で死亡した2000万人のソ連人の怨念が詰まったかのような凄まじい映画である。人類史上最悪レベルの悲劇を延々と目撃させられ続ける絶望、ラストシーンの途方もない余韻には心の底から震えが止まらなかった。

20	セブン
19	隣人は静かに笑う
18	火垂るの墓
17	セルビアン・フィルム
16	哀愁しんでれら
15	ザ・バニシング -消失-
14	鮮血の美学
13	ザ・トライブ
12	アレックス
11	炎628

ここから、ベスト10の発表に入る。
10位は**「ミスト」**。2008年の公開以来、いまだ多くの観客から究極に後味が悪い映画として認知され続けている名作である。あのラストには、当時はあまりの絶望に文字通り膝から崩れ落ちたが、今となってはよく思いついたなという感動すら覚える。
9位は**「ファニーゲーム」**。これぞ伝説の胸糞映画、観客が心の底から嫌な気持ちになるという意味ではもはや1位でも良いくらいだが、《観客を嫌な気持ちにさせよう》というメッセージがある種のエクスキューズとなっている（監督もあえて劇中でオープンにしている）のが唯一にして最大の減点対象（？）である。
8位は**「子宮に沈める」**。母親が自宅に幼い子を閉じ込めて餓死させた実際の事件にインスパイアされた作品だが、あまりの残酷さに何度鑑賞を止めようと思ったことか。終盤には怒りの矛先を監督に向けたくなるレベルで心が拒絶反応を起こした。
7位は**「バイオレンス・レイク」**。筆者が観たのは比較的最近だが、様々な映画を観て耐性をつけた上でもまだこれだけの精神的ダメージを喰らうことがあるのかと恐れ慄く、個人的にはそれほどまでに後味が悪い最強レベルの絶望スリラーである。鑑賞後数日間、女性キャラクターの絶叫が頭から離れず、食事も喉を通らなかった。
6位は**「マーターズ」**。前半はひたすらグロ描写、後半は地獄の拷問シーンという負のスパイラルしか存在しない映画であり、我慢してたどり着いた末のあのラストには涙も枯れ果てる。本作を早送りせずに鑑賞できる観客は相当な強者である。
5位は**「ジョニーは戦場へ行っ**

た」。戦争で四肢と五感を失った人間は、果たして人間たり得るのか。この究極のテーマを真正面から描き切った製作チームの覚悟に震えながら、ジョーの悲痛な心の叫びに観客の精神がズタズタに引き裂かれる。

4位は**「ダンサー・イン・ザ・ダーク」**。失明し、罪を犯して死にゆく母親の姿をひたすらに見せつけられる壮絶な絶望。ラストは100%の闇なのか、一筋の光があったのか、それはもはや観客にしか判断ができない。

3位は**「レクイエム・フォー・ドリーム」**。ドラッグに溺れ廃人となってゆく4人の姿の苛烈なシーンバック。1人でも十分に地獄なのに、その地獄が4乗になった時の凄まじさといったらとても一人の観客の心に耐えられるものではない。

2位は**「縞模様のパジャマの少年」**。この映画を2位たらしめたのは、圧倒的に後味が悪い結末が存在することは当然として、ジャケットではそんなとんでもない地獄が待ち受けている映画だとは想像できない点にある。「悲劇の戦争ヒューマンドラマなのだろうな」という観客の先入観を遥かに凌駕するあのラストシーン。その絶望を永久に忘れることはないだろう。

1位は**「ソドムの市」**。物語もへったくれもなくひたすらに拷問を見せられて終わる映画である。それはもはや観客にとっても拷問そのものでしかない。よって1位である。

10	ミスト
9	ファニーゲーム
8	子宮に沈める
7	バイオレンス・レイク
6	マーターズ
5	ジョニーは戦場へ行った
4	ダンサー・イン・ザ・ダーク
3	レクイエム・フォー・ドリーム
2	縞模様のパジャマの少年
1	ソドムの市

以上、僭越ながらランキングに言及してみたが、当然ながらこれは私個人の感覚によるものに過ぎず、百人いれば百通りの感性に基づいた《後味の悪い映画》があるはずだ。あなたにとってのランキング1位は、どの映画だろうか。

今回本書を執筆するにあたり大半の映画を見直したのだが、改めて感じたのは《後味が悪い映画こそが社会の本質を突いている部分がある》ということであった。いわゆる普通の娯楽映画では描けない社会の闇、そして人間の闇を、こうした作品は克明に映し出すことがある。こうした作品に触れることでしか、社会や人間のリアルに直面できないこともある。そこで多様な価値観を身につけた時に、人の心は本当の意味で豊かになってゆくのかもしれない。

そして同様に感じたのは、《後味が悪い映画を観ることで救われることがある》ということであった。ハッピーエンドな現実ばかりではない人生、極端なバッドエンドに触れることでしか救われない人もいるかもしれない。どこまでも救われない結末を映画で味わうことで、どん底から這い上がれる人もいるかもしれない。将来の見通しが明るいばかりではないこの時代、後味が悪い映画は、以前と比べても大きな価値を持つようになっているように感じている。

今日は後味が悪い映画の気分かもしれない——。そんな時、この本が少しでも参考になれば幸いである。

本書をお読みいただきありがとうございました。

【著者略歴】

宮岡太郎（みやおか・たろう）

映画監督／映画レビュアー。

1988年生まれ。早稲田大学第一文学部卒業。

大学在学中、自主映画『エコーズ』で東京学生映画祭の準グランプリ・観客賞を受賞。主な映画監督作品に『成れの果て』『恐怖人形』『ラストサマーウォーズ』『ガールズドライブ』など。

X（Twitter）では映画のレビューアカウントを運営中。

@kyofu_movie

後味が悪すぎる49本の映画

2024年2月20日　第1刷
2024年2月26日　第2刷

著　者　宮岡太郎

発行人　山田有司

発行所　株式会社彩図社
東京都豊島区南大塚3-24-4
MTビル〒170-0005
TEL：03-5985-8213　FAX：03-5985-8224

印刷所　シナノ印刷株式会社

URL：https://www.saiz.co.jp
Twitter：https://twitter.com/saiz_sha

　ISBN978-4-8013-0704-9 C0074